「迷わない心」のつくり方

文
稲盛和夫
漫画
羽賀翔一
編
稲盛ライブラリー

サンマーク出版

人は、誰でも迷います。

望まない環境、
思い通りに進まない物事、
運に見放されたような気がすることさえあります。

でも、苦しいときも
どんな心で選択するのかで
その後の人生が変わってきます。

そう、迷わない心の持ち方があるのです。

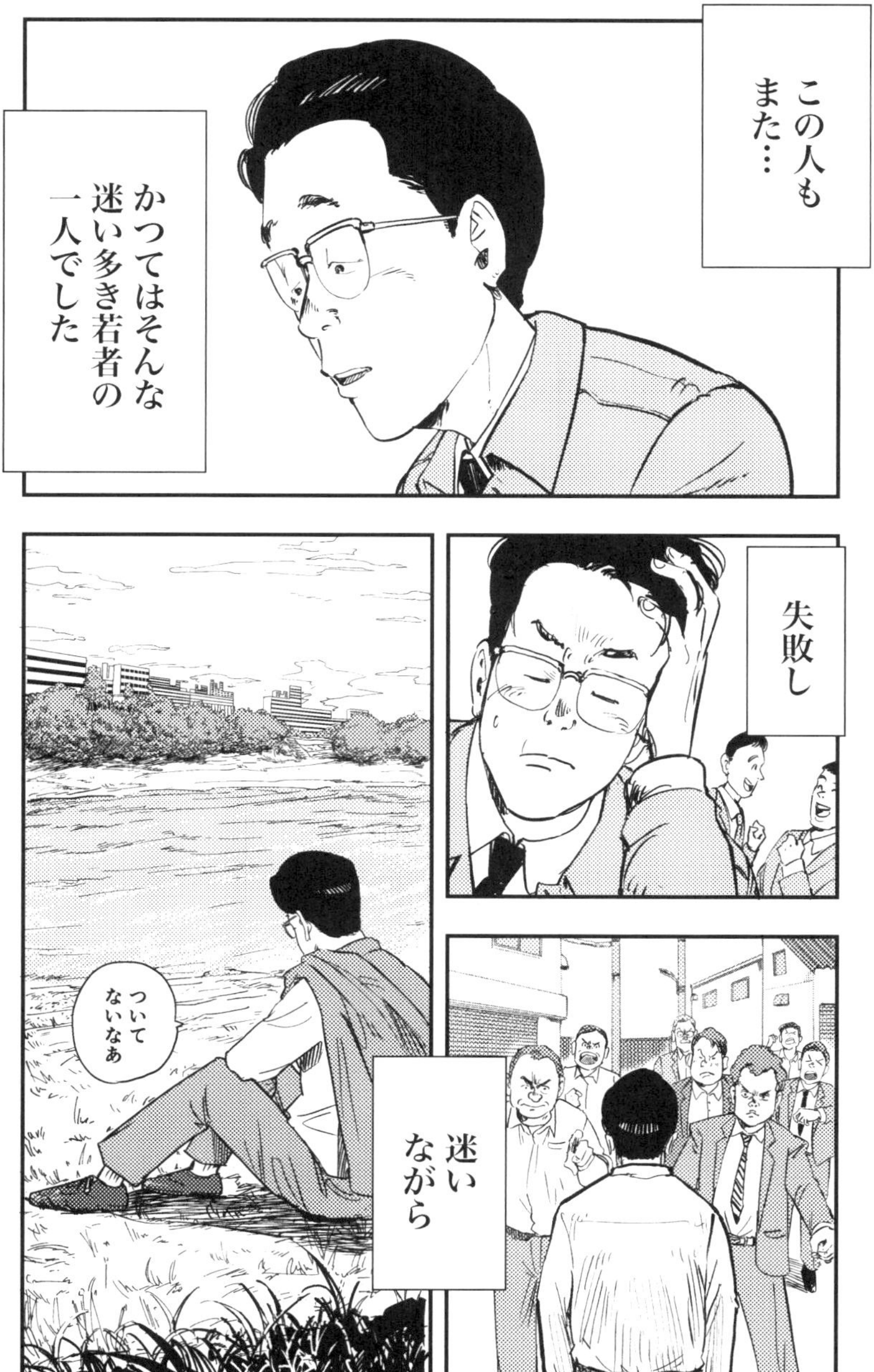
この人も
また…
かつてはそんな
迷い多き若者の
一人でした
失敗し
ついて
ないなぁ
迷い
ながら

それでも
少しずつ
少しずつ
日々
成長を
めざし続け
やがて
伝説的とも
いわれる経営
手腕を発揮し
1959年
京都セラミック
株式会社（現京セラ）
を設立
数々の
すばらしい
功績を残し
ました
第二電電（現KDDI）を創業し
当時危機的な状況だった
日本航空の再建を図る
鹿児島で
生まれ育った
一人の
青年が…

いかにして
自らの人生を切り拓き
大きな事業を成し遂げたのか…

本書は
自らの歩みが
少しでも多くの人に
役立つようにと
講演
迷いや悩みを持つ
すべての人々に向けて
稲盛和夫自身が
届け続けた
魂の
言葉たちです

本書の刊行にあたって

京セラ創業者・稲盛和夫は生前、成人を迎え、社会に羽ばたいていく若者たちに向けて、毎年、次のようなメッセージを贈っていました。

皆さんには、自分自身の夢を描き、それを実現するために燃えるような情熱を抱き、一生懸命努力をしていただきたいと思います。たとえ、どんな逆境に遭遇しようとも、どれほど厳しい環境に置かれようとも、挫けることなく、常に明るい希望を持ち、地道な努力を一歩一歩たゆまず続けていくならば、自分が思い描いた夢は、必ず実現するということが、自然の法則です。

（鹿児島市新成人のつどい記念誌『新成人の君へ』寄稿）

この言葉には、数々の挫折と試練を乗り越え、生涯を通じて不可能とも思えるような夢に挑戦し続けてきた稲盛自身の揺るぎない信念とそれに裏打ちされた、未来を託す若者たちへの大いなる希望が込められています。

稲盛は求めに応じて、後進の経営者に経営のあり方、経営者のあるべき姿を説くことに注力してきましたが、それ以上に魂を込めて語りかけてきたのが、これから社会に出る若い人たちに向けた講演でした。

そして、さまざまな場で若者たちに対し、自らの経験を踏まえ、物事は心に描いた通りになる、心の持ち方次第で人生は変わるとして、自分の無限の可能性を信じてたゆまぬ努力を重ねることの大切さを熱く説きました。

そこには、一人ひとりにすばらしい将来がひらかれているのだから、生きる喜びと情熱を持って精一杯、人生を歩んでほしいという強い思いがあったに違いありません。

稲盛が永眠して2年、本書はその思いを継ぎ、人生や仕事においても進むべき道に迷い、不安を抱く今の若者たちを励まし、希望を見出してもらうためのメッセージを届けたいという願いを込めて編集、制作しました。

本文は稲盛が若い方々を対象に行った講演の中から厳選した4本を、当時の息遣いが感じられるように、実際の講演そのままに収録しています。

また、読者の皆さんに稲盛の人となりやその講演への思いをより身近にイメージしていただくために、漫画家の羽賀翔一先生には、各講演への導入やエッセンスを端的に示す漫画を描いていただきました。

読者の皆さんにとって、それぞれの明るい未来を切り拓く一書になることを心より願ってやみません。

稲盛ライブラリー

第1話

能力以上に「運命」を決めるもの

第2話

感動のある人生を生きるために

第3話

試練をどう乗り越えるか

第4話

君の思いは必ず実現する

装丁　井上新八
本文デザイン　荒井雅美（トモエキコウ）
ＤＴＰ　米山雄基
校正　有限会社ペーパーハウス
担当　多根由希絵（サンマーク出版）

本書は、稲盛和夫氏の当時の言葉を残すことを主眼に、事実関係・数字、内容の重複など講演時のままの表現になっているところがあります。あらかじめご了承ください。

稲盛和夫は
心に届いたものに対して
必ず行動を起こす人でした
京セラ 株式会社
名誉会長 稲盛和夫 様
…
えっ
この中学校に行かれるんですか？
ああ そうだ
ですが
仕事の予定は詰まってますし…
それに特につながりのある学校ではありませんよ

つながりは
この手紙で十分生まれましたよ
この校長先生の熱意・考え方は
本当にすばらしい
さあ
中学校で話をするのは初めてだ
伝えなければ…

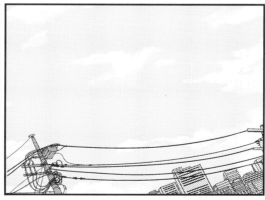

今
目の前にいる
ひとり
ひとりに
今
ご紹介に
あずかり
ました
稲盛です
伝え切る

第1話

能力以上に「運命」を決めるもの

『九州の田舎から出てきた私が、中学生のみなさんにお伝えしたいこと』

今、ご紹介にあずかりました稲盛です。校長先生から「善通寺市立東中学校のみんなに話をしてほしい」というたいへん熱いお手紙をいただき、今日こちらへまいりました。

母校の創立100周年のときに、私は小学校で話をしたことがありますが、その他の小学校、中学校、高校では話をしたことがありません。中学生のみなさんを対象にお話をするのは、今日が初めてです。

先ほどからお話を聞いていますと、すばらしい校長先生を迎えて、学校がたいへん変わってきているということです。また、みなさんが掃除をしている様子も見せていただきましたが、やんちゃな年頃にもかかわらず、ああいう仕事を一生懸命にしている姿を見て、頭が下がるような思いがしました。たいへんご立派です。

私は大学を卒業後、3年余り会社員として研究の仕事をしていました。その後、27歳のときに京セラという会社をつくっていただき、現在で47年が経ちます。来年1月、私は満75歳になりますが、就職してから今日まで、本当に一生懸命がんばって働いてきました。

現在京セラは、全世界に工場を持ち、6万人の従業員がいます。年間売上は1兆3000億円、1500億円の利益を出す会社にまでなりました。

また、京セラだけではなく、22年前には第二電電という会社もつくっていただきました。現在KDDIという社名になっていますが、

ａｕブランドの携帯電話を全国展開している会社でもあります。このＫＤＤＩは売上３兆円、年間に３０００億円を超える利益を出すすばらしい会社に成長してくれました。

私自身は九州の田舎で生まれた少年であり、一介の青年でした。その私が自分でも想像できないぐらいの人生を歩いてきました。今日は私自身が歩いてきた人生を振り返りながら、人生を生きていく中で何が一番大事なのかということを、みなさんにお話をしていこうと思っています。

『人生の結果を決めるのは、生まれでも能力でもない』

先生方の指導もあり、みなさんはたいへんよく勉強しておられますし、また、スポーツの世界でも一流選手を輩出しているとお聞きしました。

頭のよい生徒さんもいれば、運動が上手だという生徒さんもいらっしゃるわけですが、人はいろんな能力を持ってこの世に生を享《う》けるのです。あまり物覚えがよくない子もいれば、すぐに何でも覚える子もいる。いろんな子どもが生を享け、育っていくわけです。

それぞれに違う能力を持った子どもたちが現世に生を享けるのですが、その子たちが成長をして一生を終えていく。その中で、生まれ持った能力だけがその人の人生を決めていくのであれば、能力にはもともと差がありますから、それでは人生を生きていく意味がありません。神さまは能力だけで人生が決まっていくようなことをしていないのです。

先ほども言いましたように、私は田舎育ちのどこにでもいそうな少年でした。ですから、もし能力だけで人生が決まっていくのだとすれば、たぶん普通くらいの人生しか送れなかったでしょう。

「人生というものはどういうふうになっているのだろうか」ということを、私は若い頃からずっと考えてきました。そして、一生懸命に考えた末に、人生は次のような方程式で決まるのだろうということに気がつきました。若い頃にこのことに気づき、それを守ってきたために、私は京セラやＫＤＤＩといった、すばらしい会社をつくることができたのだと思っています。

若い頃、私が気がついた人生の方程式とは「人生の結果＝考え方×熱意×能力」というものです。考え方、熱意、能力という三つのファクターをかけたものが人生の結果をつくっていくのだということに、私は気づいたのです。

田舎者であった私が、そんなに優れた能力を持っているわけではない。ですから、せめて熱意だけは人一倍持とうと思いました。人が遊んでいるときでも努力をしよう、オレにはそのくらいしか能がないと思い、人一倍努力だけはしよう、熱意を強く持とうと思ったわけです。

「能力」があまりなくても「熱意」で逆転できる

「能力」と「熱意」だけを考えれば、例えばたいへん頭がよくて、立派な高校に進み、果ては立派な大学に行くという生徒さんもいらっしゃると思います。その生徒さんの能力が80点だとしましょうか。

もう一人、頭はさほどよくないけれども、落第をするほどではない。普通くらいの成績で、能力は60点だという生徒さんもいらっしゃると思います。80点の子と60点の子とでは、能力には相当な差があります。

80点の能力を持った子はその後、立派な高校へ行き、立派な大学を卒業した。大学でも相当頭がよい、優秀だといわれていた。そのために、社会へ出てから「オレは頭がよいのだ」と自慢し、その子は一生懸命生真面目にがんばることをしなくなってしまった。「頭の悪い子は朝から晩まで働かなければならないが、オレは頭がよくて優秀なんだ。バカみたいに働かなくてもよいだろう」と熱意がない。その子の熱意の点数が30点だったとすれば、80点（能力）×30点（熱意）となり、点数は２４００点となります。

一方、60点の能力の子は、中学時代も高校時代もあまり頭がよくなくて、大学もあまりよいところへは行けなかった。しかし社会へ出てから、自分はあまり能力がないから人一倍がんばろう、努力をしようという熱意を持った。

この子が80点の熱意で人生を歩き始めたとすれば、60点（能力）×80点（熱意）となり、４８００点の点数になります。

頭のよかった子の２４００点に比べて、それだけで倍ほど違う４８００点です。

考え方が悪いと人生はマイナスになる

能力と熱意だけではありません。さらに「考え方」がそこにかかってきます。

この方程式を考えたときに、私は「考え方」にはマイナス100点からプラス100点まであると思いました。

例えば、「世の中はバカバカしい、一生懸命に働くなんてアホらしい」と悪いことを思う。悪さをして人生を生きていこう、泥棒でもしようと考える、これはマイナスの考え方です。

この方程式はかけ算です。わずか1点でもマイナスがかかれば、答えはすべてマイナスになってしまいます。

人生がマイナスで終わってしまう人はたくさんいます。

罪を犯し、たいへんな人生を生きていくことになってしまった人はたくさんいますが、それは方程式にある「考え方」がマイナスだったからなのです。少しくらい悪い考え方をしてもいいだろう、誰も見ていないし、いいだろうと思っても、それが人生のすべてを台無しにしてしまうわけです。

マイナスとまではいかないけれども、点数としてはあまりよくない考え方をしていたとします。

もし、先ほどの頭のよい子が10点の考え方をしていたとすれば、80点（能力）×30点（熱意）×10点（考え方）となり、人生の点数は2万4000点となります。ですが、すばらしい考え方をしていて、その点数が80点だとすれば、もう何十倍と結果は変わってきます。

学校の成績はあまりパッとしなかったけれども、大人になり、年をとるにつれて、すばらしく立派になったという人を、みなさんも知っていると思います。

みなさんの近所の人たち、お年寄り、親戚の人の中に、そういう人がいるかもしれません。

逆に、高校、大学と頭がよくて、「あの家の子はたいへん頭がよいそうだ」と近所で評判にもなっていたのに、決して立派とはいえない大人になっているというケースもあります。


人生において「熱意」と「考え方」が違っているのです。中でも「考え方」です。考え方は人生の結果に大きな影響を及ぼします。みなさん、ぜひすばらしい考え方を身につけてください。

「よい考え方」＝「思いやりのある考え方」

私がみなさんに話している「考え方」とはどういうものなのかといえば、思想、哲学と言い換えてもよいかもしれません。どういう思想を持つのか、どういう哲学を持つのかによって人生は決まっていくのです。

結論からいえば、よい考え方、すばらしい考え方とは、美しくて思いやりのある考え方です。美しくて、優しくて、思いやりに満ちた心を持っているということが、よい考え方となるわけです。

悪い考え方とは、自分だけよければいいというエゴ丸出しの心です。他人への親切心、他人への感謝、そういうものが欠片《かけら》もなくて、自分だけよければいいというエゴイスティックな考え方です。

よき考え方を持つようにしてください。

運命は変えられるか？

私は自分がつくりました人生の方程式を、「人生の結果の法則」と言ったりするのですが、人生にはもう一つ「因果の法則」というものがあります。

宗教的な話になってしまうかもしれませんが、私が因果の法則というものに気がついたのは、安岡正篤《やすおかまさひろ》という人の本を読んだときでした。

もう亡くなられましたが、安岡先生は戦前戦後の日本の精神界をリードしたすばらしい哲学者です。多くの中国古典を日本に紹介し、日本のリーダーたちの精神形成に大きな影響を及ぼしました。

安岡先生の書いた本の中に『運命と立命』というものがあります。若い頃に読み、私はたいへんな感銘を受けたのですが、これは中国の『陰騭録《いんしつろく》』という本を例にとり、人生には運命と因果の法則の二つがあるのだということを、インテリの人たちにもわかりやすいように紹介している本です。

簡単に説明をしてみます。

『陰騭録』は今から400年ほど前、中国・明代に袁了凡《えんりょうぼん》という人が書いた本です。

老人から予言された運命

袁了凡さんが子どもの頃、まだ袁学海《えんがっかい》という名前だったときのことです。ある夕暮れ、学海少年が住む家の前を白髪の老人が通りかかりました。

「これこれ、おまえさんは学海少年ではないか」

声をかけられた学海少年は、そうですと答えます。

「私は南の国で易を究めた人間だ。北の地に住む学海少年に易の真髄を教えよという天命が下ったので、わざわざおまえさんを訪ねてきたのだ」

その日の宿を少年の家でとることになった白髪の老人は、夜、学海少年のお母さんを前に話を始めます。

「お母さん、あなたはこの子を医者にしようと思っていますね」

学海少年は幼い頃にお父さんを亡くし、以来、お母さんと二人で暮らしています。

「はい。若くして亡くなりましたが、私の主人、つまりこの子の父は医者をしていました。お祖父さんも医者でした。代々医者をしている家系でございますから、この子にも医者になってもらおうと思っています」

「いやいや、この子は医者にはなりません。科挙の試験を受け、中国の立派な高級官僚として出世をしていくという運命になっています」

老人は次々と学海少年の未来を語り始めます。

「何歳のときに郡部の試験を受け、何人中何番で合格する。次に県の試験を受けたときには何人中何番で合格する。さらに、何歳のときにその上の試験を受けるけれども、そのときは不合格となる。しかし翌年、合格する。最後は北京で行われる試験に合格し、高級官僚の道を歩き始める。若くして出世し、地方長官として赴任することになる。結婚はするけれども、残念ながら子どもには恵まれず、53歳で天寿を全うする」

老人がお母さんに語る話を聞きながら、学海少年は「ヘンなことを言うおじいさんだな」と思っていました。

実は学海少年は、その後、白髪の老人が言った通りの人生を歩むことになります。何歳で何の試験を受け、何人中何番で通るということも、北京の試験に合格し、若くして地方長官として赴任することも、すべてが老人の言った通りとなっていくのです。

大人になった学海が老師から言われたこと

長官として赴任した地には、立派な禅寺がありました。そこに立派なご老師がいると聞いた学海長官は、人生のいろんな訓話を聞きたいと思い、禅寺を訪ねます。若く聡明な長官が赴任してきたということを知っていた老師は、学海長官を快く迎えます。

「よくお出でくださいました。一緒に坐禅でも組みましょうか」

すばらしい坐禅を組む若い学海長官を見て、老師は舌を巻きます。

「あなたはお若いのに、なんとできた坐禅をなさる。どこで修行をなされた？　雑念妄念もなければ一点の曇りもない坐禅を組むということは、よほど修行をなさったのでしょう」

「いえ、私は難しい修行などいたしておりません。ただ、ご老師からそう言われて、思い当たることがあります」

学海長官は幼い頃に出会った白髪の老人の話を語り始めます。

「私は子どものとき、白髪の老人から自分の運命を聞きました。その後、老人が言った通りの人生を歩いてきました。結婚をしましたが、老人の言った通り、子どもには恵まれておりません。今後も老人が教えてくれた通りの人生を歩み、やがて53歳になれば命を終えると思っています。ですから、こうなりたいああなりたいという思いがないのです。老師が雑念妄念がないとおっしゃるのは、そのためかもしれません」

話し終わるや否や、老師はたいへん厳しい顔になります。

「若くして長官になった立派な人かと思ったら、あなた、それほどのバカだったのか。白髪の老人が話したのは、あなたが生まれたときに持ってきた運命のことなのだよ。その運命のままに生きるバカがおりますかよ。運命は変えられるのです」

心に思い、行動することで、運命は変わっていく

オギャーと生まれてきてから、人は運命の命ずるままに歩き始めます。運命に翻弄《ほんろう》されながら人生を生きていくわけですが、その中で人はいろんなことを思い、いろんなことを行います。

私たちは人生を生きていく中で、いろんなことをします。「する」ということは、その前に必ず「思う」ことから始まります。

今日は帰ろうと思うから帰る、どこそこへ行こうと思うからそこへ行く。

行動する前には、必ず「思い」があるわけです。「思い」という

ものがあって、私たちは行動する。

実は、その「思い」というものがたいへん大事なのです。


運命に翻弄されながら生きていく中で、そのときにあなたがどういうことを思ったのか、どういう思いを持ってどういうことをしたのか。それによって運命は変わっていくのです。

運命に翻弄されながら、あるときにはたいへんひどい目にも遭うでしょう。たいへんな幸せに遭遇することもありましょう。

人生は波瀾万丈です。その災難に遭ったとき、幸運に会ったときに、あなたはどういう思いを心に抱き、どういうことを実行するのか。それによって運命は変わっていくのです。


「善きことを思い、善きことを実行すれば、運命はよい方向へと変わっていく。悪いことを思い、悪いことを実行すれば、運命は悪い方向へ変わっていく。決められた運命のままで生きるバカがいますか。運命は自分の考え方、自分の思いで変えられるのです」
そのように老師は諭《さと》します。

運命のままに生きてはならない

学海長官は老師の言葉に感銘を受けて、帰ってから奥さんにその話をします。奥さんもたいへん立派な方だったのでしょう。

「それはよいことをお聞きになりましたね。できれば私も一緒になって、これからはなるべくよいことを思い、よいことをしていくようにします。二人して力を合わせていきましょう」

奥さんがそう言ったあとで、この本は局面ががらりと変わります。

「なあ息子よ、お父さんはあの白髪の老人が言った通りの人生を歩いてきた。しかしご老師から、運命のままに生きてはならない、考え方によって人生は変わるのだということを教わり、お母さんと一緒によいことを思い、よいことを実行するようになった。すると、生まれてこないと言われていたおまえが生まれた。それだけではない。53歳で寿命が尽きると言われていた私が、70歳を過ぎた今も元気にしている。

人生というのはそういうものなのだよ。人生には運命があり、その運命を変える因果の法則というものがある。善きことを思えばよい結果が生まれ、悪いことを思えば悪い結果が生まれるという因果の法則があるのだよ」

そう息子に語っているのが『陰騭録』という本です。

若い頃にその内容を理解した私は、「ああ、やっぱりそうなのか」と思いました。人生の方程式というものをつくり、考え方が大事なのだと思ってきたけれども、やはり人生の中で一番大事なのは「考え方」「思い」であったのかと、確認することができたわけです。
「どう思うのか」ということが、人生の中で一番大事なのです。
以来、私はそのことをいつも考えながら生きてきたつもりです。

何をもって「立派な人」か

世の中には立派な人がたくさんいらっしゃいます。総理大臣、大臣、知事、市長、または私のように大きな会社の社長など、いろいろな人がいます。

しかし、何を基準に偉い人なのか偉くない人なのかを見ればよいのかといえば、それはその人の人柄なのです。人格といってもよいでしょう。

人間として偉いか偉くないかを比べるときには、人柄で比べるべきなのです。すばらしい人柄を持った人は、人柄の悪い大会社の社長よりも、はるかに人間として立派なのです。

みなさんにはぜひ今後の日本を背負って立つような人になっていってほしいと思います。すばらしい人柄を持った人たちが住んでいる日本、それがすばらしい日本になっていくのです。

経済が強いとか、技術的に強いということだけが日本の国を立派にするのではありません。日本に住む各界各層の人たちがすばらしい人柄を持ち、すばらしい人間性を持てば、世界のどの民族からも日本は尊敬と信頼をされるに違いありません。

どんな経済力を持つよりも、どんな技術力を持つよりも、他の民族が「日本、そして日本人というのはすばらしい。頭が下がるくらいにすばらしい人間性を持っている。あの人たちこそ、全人類の中で大事にしていかなければならない人たちだ」と思ってくれるような日本と日本人になる。世界中の民族が尊敬してくれるような民族に、日本の国はなっていくべきだと思っています。

今後は少子高齢化となっていきます。日本の人口が減り、経済力も落ちていくだろうといわれていますが、一番大事なことは、日本はすばらしい人間性を持った人々が住んでいる国だ、平和ですばらしい国だと世界中の人たちから尊敬を受け、信頼をしてくれるような国になることなのです。

あらゆるものに感謝する

世界のどの基準から見ても、あの人は立派だ、あの人は偉いという基準になっているのは人柄であり、人格です。立派な人格を持っていることが最も大事なのです。

それはどういう人格なのかといえば、優しい思いやりを持ち、あらゆるものに常に感謝をする人です。

みなさんの場合にはご両親に感謝をし、きょうだいに感謝し、先生に対しても、また周囲にいる町の人たちにも感謝をし、平和に生きられることにも感謝をする。そして、そういう環境にあるだけに、思いやりの心で少しでも他人《ひと》さまのお役に立つようなことをする。

先ほど、みなさんが掃除をしていらっしゃる様子を拝見しましたが、みんなのためにという思いやりの心で、美しく気持ちのよいお便所になるよう一生懸命に掃除をしておられます。

つまり、自分が犠牲を払って他人のために尽くしてあげるというものが「思いやりの心」なのです。これはどんな思いよりも大事な思いです。

たいへん難しい科学技術の研究をするのも、大会社を経営するのも、思いやりの心がベースになって研究をしていくなら、経営をしていくなら、それはよい研究、よい経営になっていきます。

思いやりどころか、自分だけよければいいというエゴ丸出しで会社を経営し、自分だけがうまくいけばいいのだと思って研究をしたのであれば、ろくでもない経営、ろくでもない研究しかできません。

よい考え方、よい心というものは、肯定的で明るく、善意に物事を考えるということです。悪い考え方、悪い心というのは、否定的で、悪意に物事を解釈するということです。

みなさん、ぜひ明るく肯定的に、善意に物事を考えるということを心がけるようにしてください。私の話を聞いて、なるほどと思っても、それをすぐに実行に移すことは難しいでしょうが、ぜひ心がけていただきたいと思います。

心を整えていくために
愚痴や怒りとどう付き合うか

人間は生きていかなければなりません。そのために、ものを食べたり、外敵から襲われたときに反発したりといったことを、神さまは私たち人間に与えてくれているのです。

それを本能といいます。本能は何も考えなくても、心の一番奥底にあるものです。

仏教では、本能の中で一番強いものを煩悩といいます。この煩悩は三つあり、一つめは「欲望」、二つめは「怒り」、三つめは（無知から生じる）「愚痴・不平不満」となります。

人間は食べるものを食べなければ肉体を維持できません。ですから欲望というものを、自然界は人に与えてくれました。

欲がなくて、今日は何も食べなくてもいいというのであれば、おそらく1週間と保《も》たずに死んでしまうでしょう。肉体を持っているだけに生きていかなければならない。そのために欲望を与えてくれたわけです。

食べるだけではなくて、自分の身体を外敵から守らなければなりません。そこで怒りというものを自然界は私たちに与えてくれました。同時に、現状に満足しないで不平不満、不服を言ったり、嫉妬心を燃やしたり、恨みつらみを抱いたりする。そういう不平不満、愚痴も自分の身体を守るために、神さまが私たちに与えてくれたものなのです。

もし自分が何も考えないでいれば、この三つの煩悩がしょっちゅう心に出てきます。すぐに腹を立てるし、いいものを食べたい、いいものを着たいと思うし、他人がうまくいくと腹が立ったり、嫉妬をしたりする。どんな偉い人でも、みんなそうなのです。

煩悩、本能は人間が生きていくために必要なのですが、しかし、それが強すぎると、悪い心になってしまう。ある程度なければ生きていくことができないのだけれども、それが強かったのでは悪い心になってしまうわけです。

そんなに欲張らず、「ほどほどに」

仏教に「足るを知る」という教えがあります。足るを知るとは、そんなに欲張らなくてもいいではないか、そんなに腹を立てなくてもいいではないか、そんなにブツブツと不平を鳴らさなくてもいいではないか、ほどほどに、ええ加減にしなさいよということです。

本能からしょっちゅう出てくる汚い心を少し抑えなさいというのが、「足るを知る」という教えなのです。

本能、煩悩をほどほどに抑えれば、そこには優しい思いやりの心が自然に湧き出てくるようになっています。自分は今幸せだと感謝しながら生きていけば、他人さまが喜んでくれるようなことをしてあげたいという、優しい思いやりの心が出てくるようになっているわけです。


また賢い人は、自分の良心と理性で、自分の心の中に思いやりの心が出てくるようにしています。

自分自身の心に対して、「オレがオレがと、そんなに欲張ったことを考えるのではない。そんなふうに考えるのではなくて、少しは他人さまのことも考えてあげたらどうだ。お父さんのこともお母さんのことも、妹のことも弟のことも考えたらどうだ。いや、友達のことも考えたらどうだ」と言い聞かせていく。

理性と良心で自分の心に語りかけ、自分の心が美しいものになるよう仕向けていくということを、本当は毎日しなければならないのです。

心の庭を手入れする

20世紀の初め、イギリスにジェームズ・アレンという哲学者がいました。その人が書いた本（編集注『「原因」と「結果」の法則』サンマーク出版）に、次のような意味の一節が出てきます。

人間の心は庭のようなものです。もしあなたが自分の心の庭を手入れしなかったならば、そこにはいつの間にか雑草の種が舞い落ち、雑草が生い茂る庭となってしまうでしょう。もしあなたが自分の心の庭にすばらしい花、美しい花を咲かせたいと思うならば、あなたが思う草花の種を植え、それを育て、あなたが望むすばらしい花々が咲く庭にさせるべきです。

あなたの心は庭のようなもので、手入れをしなければ、雑草が生い茂ってしまう。もしあなたが自分の心の庭に美しい花々を咲かせようと思うならば、雑草を抜いて耕し、自分が希望する草花の種を植え、手入れをしていかなければならないということです。

人間の心には本能、煩悩があり、放っておけば、欲と怒り、不平不満と愚痴で満ちあふれた心になってしまいます。これは私も含めて、どの人もみな同じですが、そういうものが雑草です。手入れをしなければ雑草だけが生い茂ってしまい、やがては手に負えないまでに雑草が生い茂る心になってしまうのです。

ジェームズ・アレンの言葉を借りれば、「自分の心の庭を見てごらんなさい。本能に満ちあふれ、自分だけよければいいという欲望、怒り、嫉妬、愚痴、不平不満で荒れ放題になってはいませんか。なぜ、手入れをしないのでしょうか。本能で満ちあふれて汚れた心を手入れし、そこに優しい思いやりに満ちた草花の種を、感謝の心という種を植え、育てていくべきですよ」ということです。

人生の一番の成功とは「美しい心」を育てることである

みなさんもぜひ、毎日のようにそれを実行してみてください。そうして立派な心にしてください。立派な心になっていくに従って、人柄がよくなっていきます。人柄がよくなっていくだけではなくて、性格がよくなっていきます。「あの人は若い頃に比べて、すばらしい人に変わっていったな」と言われるようになる。

性格というものは、日常からそういうトレーニングをしていくうちに変わっていき、次第に人柄がよくなっていくのです。性格が変わり、人格が変わっていくわけです。

毎日毎日、自分で反省をするようにしてください。例えば夜、寝る前に少し目をつむり、今日1日のことを静かに考えてみる。欲望、怒り、不平不満、愚痴に満ちあふれた1日であったことを反省し、これではいけない、もっと優しい人間になろう、もっと明るい人間になろうと自分に言い聞かせていく。それが心の庭の手入れになるのです。

心の庭の手入れを毎日のように繰り返し、努力をしていけば、人間性はだんだん変わってきます。人柄が変わっていきます。親が見ても、先生が見ても、周囲の人たちが見ても、「あの人は変わったな。どうしてあんなふうなすばらしい人になったんだろう」と思うくらいに心が変わっていきます。

立派な心、優しい思いやりの心を持つということが、実は人生における一番の成功なのです。人生の目的とは、大会社をつくることでも、立派な研究をすることでもありません。立派な人間性、立派な人柄に変わっていくことが人生の目的であり、それが一番の手柄となるわけです。

宇宙はすべてを「よい方向」に流していく

今日私が話したことをみなさんが実行し、すばらしい人柄になっていけば、決して惨《みじ》めな人生とはなりません。

芸術家になろうと、スポーツマンになろうと、経営者になろうと、どんな職業に就こうとも、人柄が毎日のようによくなっていけば、必ずすばらしい成功を収めていくことになるはずです。

実は自然界そのものが、そういう心の人を支援するのです。明るくて美しい心、思いやりに満ちた心を持った人を、自然界は決して放っておきません。

この自然界は、すべてのものがよい方向へと成長するようになっているのです。

みなさんも科学雑誌などで、宇宙がどのようにして始まったのか知っていると思いますが、今から137億年前、ごくひと握りの素粒子の塊が大爆発を起こして現在の膨大な大宇宙が生まれ、今も宇宙は膨張し続けているといわれています。

原子の中で一番小さなものは水素原子です。この水素原子は原子核と、外側を回る1個の電子で構成されています。

原子核を壊すと、陽子、中性子、中間子というものが出てきます。これをさらに壊すと、複数の素粒子が飛び出してきます。

素粒子とは質量のない、陽炎《かげろう》のようなものです。もちろん目には見えません。そういう素粒子が陽子、中性子、中間子をつくり、その三つがくっついて原子核をつくり、そこに電子が1個トラップされて原子になるわけです。

最初は陽炎のような、物体のない素粒子でしかなかった。それが大爆発を起こしてから今日まで、気の遠くなるような時間を経過しながら素粒子は原子をつくり、原子同士が核融合をして重たい原子へとなっていった。

水素原子の次に重たいのはヘリウム原子です。

原子同士はさらにくっついて、次から次へと重たい原子へとなっていき、地球を構成する120種類ほどの原子が生まれていきました。

原子同士がくっついたことにより、分子もつくっていきました。分子は分子同士でくっついて高分子をつくり、そこにDNAという生命の起源がトラップされて原始生物が生まれます。その原始生物が進化を遂げ、私たち人類までもつくってきたわけです。

もともとは何の実体もないようなもの、ひと握りの素粒子でしかなかったにもかかわらず、それが原子をつくり、原子が分子をつくり、私たち人類のような高度な生物までをつくってきた。

つまり、この宇宙には森羅万象あらゆるものを生成発展させ、よい方向へ、よい方向へと進めていくような法則があるのです。

宇宙は差別を一切しません。校庭に転がっている石ころでさえも平等に、宇宙はあらゆるものをよい方向へ押し流していくわけです。何億年という時間の尺度で、石ころでさえ、よい方向へと変わっていくのです。

10年、20年、私たちの一生ではわかりませんけれども、何億年、何十億年というスパンで見れば、森羅万象あらゆるものがよい方向へといくようにという優しい愛に満ちた法則を持っているのです。

そういう宇宙の中に私たち人類は住んでいるのですから、その私たちが優しい思いやりに満ちた心、感謝の心を持った人間に変わっていけば、宇宙が放っておくわけがありません。そういう心を持った人を、宇宙は必ずよりよくなるように進めていきます。

みなさんは中学生ですから勉強もしなければなりませんが、一番大事なのは自分の心をよい心へと成長させていくことです。そのことを決して忘れないでください。

自分の心をきれいに手入れしていくことを忘れなければ、宇宙の支援を受けながら、自分では想像もできなかった人生を歩いていくことができるはずです。

田舎者で、普通の少年であった私がそうなのです。自分でも想像できないような人生を歩いているのは、まさに宇宙の力が支援をしてくれたからだと思っています。

宇宙の力を受け入れられるような心になってください。自分の心の掃除をしながら、みなさん、ぜひすばらしい人生を送ってください。

冒頭でも言いましたが、10年ほど前、母校の小学校で話をしたことがあるだけで、中学校の生徒さんにお話をするのは初めてです。

今日は難しいことは話していません。

いつもは全世界の経営者の人たちに向けて、立派な経営をしていくには、心が大事なのだという話をしているのですが、本当はこういう話こそ、若いときに、10代のときに聞いておくべきことなのですね。

もし私が10代の頃にこういう話を聞いていたとすれば、自分の人生はもっともっと変わっていたかもしれません。それだけに、今日は校長先生の熱い思いに応えようと思ってまいりました。

みなさんが掃除をしていらっしゃるすばらしい様子も拝見しましたが、同じように心の手入れをし、すばらしい心になっていけば、みなさんの人生は変わっていきます。宇宙から、自然界からの支援を得て、すばらしく変わっていきます。

夕べ、日本の経営者の人たち750人ほどが集まった場で、私が主宰している、今年最後の経営塾を開きました。北海道からも、遠くは台湾からも経営者の人が来ておられましたが、私はその人たちを前に、こういう話をしています。

「もしみなさんが自分の会社をさらに立派にしていこうと思われるならば、三つの力が必要です。一つは、経営者、社長であるあなた方自身の力です。あなたの能力、つまり自力が必要なのです」

「あとの二つは他力です。

他力の一つめは、社員の人たちの力です。社員の人たちの支援、協力を受けられるようでなければ、会社は決してうまくいきません。社員を大事にし、社員たちが心からこの社長と一緒にこの会社を立派にしていこうと思わない限り、会社は立派になりません。

他力の二つめは、自然界の力です。自然界、宇宙が、ああいう美しい心で会社を経営しているならと、支援してくれるようでなければなりません」

「自力、社員の力という他力、宇宙、自然の力という他力、この三つの力が合わさったときに、会社の経営はたいへんうまくいくのです」

そういう話をしたわけですが、今日はみなさんがすばらしい人生を生きていくために一番大事な心のあり方についてお話をしました。どういう思い、どういう考え方を持てばよいのかということを、みなさんにお話ししました。

どうぞすばらしい人生を送ってください。家族揃ってよいお正月を迎えられるよう祈りながら、今日のお話を終わります。ありがとうございました。

（２００６年12月22日　善通寺市立東中学校での講演より）

たくさんの人に祝われる門出の場面にも
入社おめでとう
心の中には迷いがあり…
悩みがある
この先自分は…
自分が選んだ道は本当に正しいのかな…
うまくやっていけるんだろうか……？
ふふ
人知れず悩んでいる顔をしていますね？

いっ
稲盛名誉会長…!!
大丈夫ですよ
どんなときでも悩むのは当然のことです
けど名誉会長のようなすごい人と…
僕の悩みはきっと違いますよ……
……
私だって
……
最初から仕事が面白かったわけじゃありません
!?

就職したばかりの頃は、
私だって悩みの中にいたんです
……
名誉会長も？
コクッ
仕事で成果を出せるようになったのは…
考え方を変えて
腹をくくって一生懸命やるようになってからです
…
いいですか…？

何かを始めた
として
その先
どうなるかは
誰にもわかり
ません
だから
こそ重要
なのは…
今できる努力を
継続すること
…
一歩一歩
地道に歩み
続けること
が…
愚直な人間を
とてつもない場所へ
連れて行くのです

……
僕も…想像できないようなところまで行けるのでしょうか？
もちろん
努力さえすれば
継続のためのコツってあるんでしょうか？
ははっ
まあそうあわてることはありませんよ…
一つずつじっくりお話ししますから…
あなたにとって大切なことを……

第2話

感動のある人生を生きるために

すばらしい人生を歩むために、誰もができること

みなさん、ご入社おめでとうございます。

新入社員のみなさんは、ビデオによる講義しか受けておられないと思いますので、直接お話しできるこの機会に一言だけ大事なことを申し上げておきます。

京セラは伊藤謙介社長などと一緒につくりました会社で、今年で創立40年になります。

みなさんからは、京セラはたいへん発展している会社だと見えると思います。また私自身についても、「名誉会長は立派な仕事をされて、たいへん偉くなられた」と、みなさんからは見えると思います。

ですがそれは、今日入られた新入社員のみなさんの、誰もがやれることなのです。

そのことについてお話をしてみます。

バカげて見える地味な仕事を続けることが、すばらしい結果をつくる

伊藤社長も含めて、私どもが会社をつくった当時は中小零細企業で、今にもつぶれそうな会社でした。立派な技術を持っていたわけではありません。少しばかりの技術しかなくて、その技術でもって会社が始まったわけですが、ただ一つの成功要因がありました。

私もみなさんと同じように大学を出ておりますが、私は応用化学科の出身でして、ファインセラミックスの技術に特に造詣《ぞうけい》が深かったわけではありません。有機化学を専攻し、無機化学であるセラミックスについては、あまり勉強していませんでした。会社に入ることになって、急遽《きゅうきょ》卒論執筆のため勉強したくらいですから、学校で学ぶような基礎的なレベルさえ、さほど深く勉強したわけではないのです。

その私が4年ほどサラリーマンとして会社に勤めてセラミックスの研究を行っていました。そしてその後、京セラという会社を創業しました。

大学を出てから今日まで44年になりますが、私は、今日ここにおられる新入社員のみなさんと同じような、どこにでもいるような男だったわけです。

その私が44年間、ただ一つのことについて、誰にも負けない努力を44年間続けたから、現在の私がいるのです。もともと偉かったからではありません。

人生とはたいへん不思議なものです。「継続は力なり」と言っても、誰も信じません。

けれども、普通の人が「こんなバカげたことを毎日やっておったのでは、私の人生はダメになるのではなかろうか」と思うようなこと、そのような毎日の地味な仕事を44年間続けた結果が、今日の京セラをつくったのです。

一日一日の努力というものは、大して大きな成果に結びつくような努力ではないかもしれません。しかし、その努力が44年間分、集積したものはたいへん立派な成果につながるのです。

つまり、どんな偉大なことも地味な一歩一歩の積み上げでしかないのです。ジェット機のように目的地まで一気に到達できるような、そういう便利なものは人生にはありません。

もちろん、大きな宝クジに当たるなど、たいへんな幸運に恵まれてうまくいくケースはあります。ジェット機に乗ったかのような人生もあるのかもしれません。

しかしそれは、決して長続きするものではありません。一時的には成功するかもしれませんが、必ず没落していきます。人生というものは、この五体でもって一歩一歩、地味に歩んでいく以外にはないのです。

問題は、44年間という非常に長い期間をかけて、それを一心不乱にやれるかやれないかということです。そこで差がつくのです。

伊藤社長は、私が前にいた会社に、私の研究助手として入ってきました。それからずっと、私はたいへんな苦労を伊藤社長にさせましたけれども、伊藤社長はめげずに努力してきました。途中で逃げ出そうとしたことも1回か2回はありますが、それでもがんばってがんばって、本当にがんばってこられて、今日の伊藤社長があるわけです。

すぐにでも辞めたかった最初の会社

私の場合もそうです。私は昭和30年、大学を出て会社に入りました。終戦から10年しか経っていませんので、まだ日本の国は騒然としていました。

その中で、入った会社は終戦から10年間ずっと赤字続きで、銀行管理になっており、給料日になっても給料は払われません。1週間待ってくれ、10日待ってくれと、給料を遅配するような会社でした。

そんな会社ですから、5人の大卒が採用されたのですが、入社した瞬間から会社に対するロイヤリティはなくて、採用された5人みんなで「辞めよう、辞めよう」と言っていました。入った日から、5人が集まると、「辞めよう、辞めよう」と言い合っていたわけです。

一人辞め、二人辞め、結局最後に残ったのは私と京都大学を出た者、ともに九州出身の男二人だけになりました。

当時はたいへんな就職難です。どこにも就職できない中を、やっとその会社に採用してもらったのですから、辞めようと思っても行くところはないわけです。それなのに、その二人は、寄ると触ると「こんなボロ会社にいつまでもおってもなあ。早《はよ》う辞めよう」と言っていました。

その頃、ちょうど、自衛隊の幹部候補生学校入学の募集がありました。

私どもの学生時代は就職難でしたから、成績があまりよくなく、民間企業に就職できない人は、みんな自衛隊の幹部候補生学校に行っていました。

私たちは二人して、「その連中と1年遅れになるが、こうなったら幹部候補生学校にでも行こう。こんなボロ会社におるよりはよい」と話し合って、幹部候補生学校を受験しました。

二人とも合格しましたが、友達のみが幹部候補生学校に行きました。私は入学手続きをする際に、田舎から戸籍謄本を送ってもらえなかったために行けなかったのです。結局、私一人だけが取り残されました。

苦し紛れに、目の前のことに没頭した結果……

考えてみてください。ボロ会社に入って、「辞めたい、辞めたい」

と思っていたのに、５人いた新入社員の中で私だけが取り残されたのです。たいへん惨めな思いです。

しかし、今までみたいにブツブツと文句を言っていてもしようがありませんから、そういう不平を鳴らしているよりはと思って、私は研究に没頭し始めました。どこにも逃げていくところがなかったために、苦し紛れに研究に没頭せざるを得なかったわけです。

ところが研究に没頭し始めますと、幸運なことによい研究ができるようになっていきました。よい結果も出てくるようになり、先輩を抜いて、会社の幹部の人たちから「稲盛君はなかなかすばらしい研究をするではないか」と褒められるようになっていきました。褒められますと、ボロ会社といえども気持ちが弾んできますから、さらにがんばります。がんばりますから、さらによい結果が出ます。そういう好循環を生み出していったわけです。

その延長線上の44年間なのです。もちろんその間、何回もあきらめようと思いました。

うまくいき始めてからも、もうやめたいと思ったことはたくさんありました。しかしそれでも44年間がんばったことが、今日の私をつくったのです。

「継続は力なり」といいます。続けることが、人生において、これほどすばらしい結果を生み出すのです。続けられないから人生がうまくいかないのであって、どんなに苦労の伴うことであろうと、それを続けることに価値があるのです。

継続は愚鈍な人を、名人、達人に変えていく

私、その44年間の努力を顧みて思うのです。

こうして新入社員の方が入ってこられます。気の利いた子、頭の

よい子、ちょっと鈍な子、気の利かない子、いろんな子が入ってきます。

まだ京セラが創業間もない頃は、優秀な人はなかなか入ってきませんでした。ですから、たまに優秀な学生が入ってくると「気が利いていて、頭がよさそうやな、こいつは。何かを聞いてもすぐに答えられるし、我々よりも頭がええんやないか。こういう奴がうちの会社の将来を背負ってくれるんじゃないか」と思って大事にしようとするわけです。

その一方で、「どうも鈍で、気が利かんし、何かを聞いてもパッとした返事もしない。頭が悪いんとちゃうかな。こんな子はうちの会社におっても邪魔になるんじゃないか」と思ってしまう子もいるわけです。

ところが気の利いた子は、利発なものですから、利発な分だけ仕事にすぐ飽きて面白くなくなってしまい、不満を漏らすようになります。そして3年、4年経つうちに「辞めたい」と言うようになって、「自分は頭もよいし、もっとよさそうな世間の会社に雇ってもらおう」と考えて辞めていくのです。「頭がよくて気が利いて、あんな子が残ってくれなきゃ困る」と思っていた人に限って辞めていき、「こいつは鈍で、あんまりパッとせんな」と思う人がいつまでもがんばっているわけです。

「こんな奴は辞めてくれて、あの気の利いた奴が残ってくれればいいのになあ」と思うこともありました。

ところが、私は間違えていたのです。残っている鈍そうに見える人が、実はすばらしい仕事をし、すばらしい京セラをつくり上げてくれたのです。

少し鈍に見える人は、いつまでも鈍ではありません。つまり、継続するということで、愚鈍な人が名人、達人に変わっていくのです。

継続は鈍な人を非凡な人に変えるのです。

一生涯を通じて一つの仕事に精通し、打ち込むことで、名人、達人と呼ぶべき人になったのです。子どもの頃から頭がよくても、元から名人、達人といわれるような人は一人もいません。長期にわたる努力が必要なのです。鈍な人のほうが、地味な仕事を一生涯を通じて、不平不満を漏らさずに努力することができるのかもしれません。

ですから、私はみなさんに、どんなことがあっても辛抱して努力をするべきであると申し上げたいのです。そうすれば、運命というものはすばらしく好転していきます。

世の中で名人、達人といわれる人、また非凡な人だといわれる人は、みんなそういう努力をしてきた人です。エジソンのように偉人と呼ばれた人はみんな、人には語れない苦労を続けてきた人ばかりなのです。

継続するための三つの秘訣

仕事を好きになる努力をする

実は、それだけの長期間、一つのことに打ち込んでいくための秘訣があります。

かつての私のように、会社も仕事も嫌だと思っていたのでは、たとえどんなにがんばろうと思っても、40年も続けることはできません。つまり、続けようとすれば、自分の仕事が好きにならなければなりません。義理やら義務でやったのでは、40年も続けられはしません。

では、どうすれば好きになることができるのか。

最初から好きな仕事に就くことができたら結構かもしれませんが、そんな人は滅多にいません。好きな会社に入れるか入れないかも運です。同時に、自分に好きな仕事が与えられることも、なかなかありません。

問題は「好きになる努力をする」ということです。どうせ一生、この仕事に付き合うと思うなら、早く好きになったほうがよいのです。早く惚《ほ》れることが必要なのです。「惚れて通えば千里も一里」という諺《ことわざ》がありますが、仕事に惚れてしまえば、どんなにつらい仕事もつらくは感じられないのです。長期間がんばろうと思えば好きになることです。好きになるためには、まず最初に「好きになる努力」を自分ですることが必要です。ぜひ、自分の仕事を好きになってください。

今日よりは明日、明日よりは明後日と創意工夫を重ね続ける

自分の仕事が好きになり、その仕事に打ち込んでいくわけですが、打ち込む場合、同じことを毎日毎日していたのではダメなのです。仕事に打ち込む以上は、「今日よりは明日、明日よりは明後日と必ず創意工夫を加えて、自分で進歩発展せよ」ということです。

右にある石をただ左に積んでいくようなことでは単純な足し算でしかありませんが、同じ石を持ってくるにしても、「昨日はこういうふうに持ってきたけれども、今日は方法を変えよう」と考え、創意工夫を重ねていけば、とてつもなく偉大なことができるようにな

っていくのです。つまり、一つのことを継続する際に、好きになって継続すると同時に、そこに必ず創意工夫を加えることが必要なのです。

ささいなことにも喜びを見出す

さらにもう一つ秘訣があります。

仕事を好きになって創意工夫を行いながら仕事をしていくわけですが、なかなか長い間続けられるものではありません。そこで、仕事の中に喜びを感じなければなりません。喜びが感じられるような人生でなければなりません。

エピソードを一つお話しします。

前の会社に伊藤社長たちといたとき、私にはある研究助手がおりました。京都の紫野高校という優秀な高校を卒業した、なかなか頭のよい子でした。家庭の事情で大学に行けなくて、高校を卒業して私の研究室に入って研究助手をしてくれていました。

彼には毎日測定をしてもらっていました。「こういう合成をして、こういうセラミックスをつくろう」と思って、私が一生懸命に乳鉢で粉をつぶして、テストピースをつくって焼き上げ、その熱膨張などの測定をしてもらっていたわけです。

「今度はこういう熱膨張になるはずだ。ああいうふうに合成ができておったら、そうなるはずだ」と予想して焼き上げたものを測定してもらい、思った通りの測定データが出てくると、私は飛び上がって喜んだものでした。

そして飛び上がって喜びながら、測定をしているその彼にも、「おい、おまえも喜べ」と言っていました。私は生まれが九州の薩摩なものですから、たいへん単純で感激性で、ピョンピョン飛び上がって、「おまえも喜べ」と言って喜ぶわけです。

ところが、そう言う私をいつも、彼は冷ややかな目で見ているのです。「なんや、京都の連中って冷たいな。どうも冷ややかやな」と思っていましたら、あるとき、彼がこう言ったのです。

「稲盛さん、失礼なことを申し上げますが、大体男が飛び上がって喜ぶようなことは一生のうちに何回もあるわけがないと思います。ところがあなたを見ていると、しょっちゅう飛び上がって喜んで、私にまで『喜べ、喜べ』と言う。そんな軽薄さは私の人生観には合いません」

なんとも大人びた冷ややかな目で、私に言うわけです。

そのときに返す言葉はなかったのですが、黙ったままでは上司として示しがつかないものですから、瞬間に判断して言い返しました。

「おまえ、何を言っとる。人生、いろんなことがあるけれども、ささやかなことに喜びを感じ、感動できる人生というものはすばらしいものなんだよ。

特にこういうボロ会社で、給料もあまり出ない、しょっちゅうみんながブツブツ文句を言っている中で、ささやかなことに感動し、ささやかなことに喜びを見つけ出す。その喜びや感動は、さらにまた明日から仕事をしようというエネルギーに変わっていくのだ。

おまえが言うように冷静であったほうがいいかもしれないが、その冷静さだけでは長丁場をがんばっていけやせんと思う。つまり、この長丁場を生きていくのには、ささやかなことに喜びを感じる感性が要るんだよ」


我ながら、「なかなかええことを言うな」と思ったのですが、その人にはまったく通じませんで、あくまでも私を冷ややかな目で見ておりました。

結局、その人は2年後に辞めていきました。今どうしているのかはわかりませんが、オッチョコチョイの感激屋のほうは、今ここに立っています。

ですから、ぜひみなさんも、人生を生きる中で、仕事に打ち込み、その仕事の中で喜びを感ずるようにしてください。

つまり、感動し、その感動から起こってくるエネルギーを糧にして、長丁場の人生を生きてください。

そうしながら、一つのことを継続することで偉大なことを成し得るのです。そのことを、今日は頭に入れて、これからがんばってください。

人生のスタートラインに立たれたみなさんには、これは意味のあるはなむけの言葉だと思います。ぜひがんばってください。

（1999年3月29日　京セラ定期大卒新入社員歓迎コンパスピーチより）

人はときに
過ちを犯す
もう
自分なんて
自分なんて…
そんなとき
どんなふうに
考え、
生きるべきなのか
…
稲盛は
2000年3月
ある少年院を
訪れた

私が
みなさんに
伝えたいのは
若いときに
試練の壁に
ぶつかり
挫折を
経験しても
…

絶対にへこたれてはならないということです…！
試練というのは
どんな人にもどんな状況でも訪れます
成功したといわれている人だとしてもそこから新たな試練が始まります
人は常に
自分の心の中にある傲慢さと向き合っていかなければならないからです…

稲盛さん
どうか
教えてください
そんなふうに試練と向き合いながら
それでも生きていく
その…
人生の目的とはいったい何なのでしょうか…？

人生の目的を
私はこう考えています…

第3話

試練をどう乗り越えるか

人生は、悪いことばかりではない

こんにちは。少し風邪をひいておりまして、お聞き苦しいところがあるかもしれませんが、小一時間ほどお話しさせていただきます。

今日、みなさんが働いていらっしゃるところを見せていただきまして、自分が同じような年だったときのことを思い出しながら、胸が詰まるような思いがいたしました。

私は、京セラという会社を41年前に、私が27歳のときにつくっていただきました。また、16年前に第二電電（現ＫＤＤＩ）という会社もつくらせていただきました。現在では、両社の従業員数は全世界で4万人を超え、売上は2兆3000億円という規模に達しています。

このようなことを話すのは、自慢話をしたいからではありません。今もご紹介がありましたが、私は日本列島の南端鹿児島に生まれ、少年時代から大学までずっと鹿児島で育ちました。23歳で京都に出てきて就職したのですが、鹿児島弁しかしゃべることができない、典型的な地方出身の青年であったわけです。

そのようないわばどこにでもいそうな青年が、京セラのような大きな会社をつくり上げ、経営することができるようになった、その理由をお話しして元気を出してもらいたいと考え、この場に立つことを決意した次第です。

みなさんは、間違いを犯し、挫折をし、人生の途中で傷つかれたことと思いますが、その人生というものを、お釈迦さまは「諸行無常」という言葉で説いておられます。

世の中というのは決して一定のものではなく、災難に遭ったり、幸運に出会ったり、流転していくのが人生なのです。つまり、決していいことばかりは続きませんし、悪いことばかりであるはずもありません。波瀾万丈こそが人生だとお釈迦さまはおっしゃっておられます。

では、そういう私自身の人生がどのようなものであったか、また私がどんな少年だったか、包み隠さずお話ししたいと思います。

クラス二番手・三番手のガキ大将

私は、小学校に入ったとき、一人では学校に行けませんでした。

みなさんの中にもおられるだろうと思いますが、お母さん子で内弁慶だったのです。

入学式が終わったあとは、毎日学校へ一人で行くのがたまらなく嫌で、泣きわめいて家を出ていかず、1週間ぐらいは母親に一緒についていってもらったというほどの甘えん坊の泣き虫少年でした。

しかし、その少年は内弁慶なものの、やんちゃな一面も持ち合わせていました。ですから、しばらくすると環境に慣れ、遊び友達がたくさんできて、次第に学校が楽しくなってきました。すると、勉強よりも友達との遊びのほうが面白くなってきたわけです。

私の子どもの頃は戦争前で、遊び道具は何もありません。家のそばに川が流れていましたので、友達を連れてきては魚を獲ったり、戦争ごっこをしたりして、いろいろと工夫しながら遊んでおりました。

そのような遊びがたいへん面白いものですから、勉強は1年生の最初の頃に少ししただけで、あとは卒業するまでの6年間、ほとんど勉強らしい勉強をしたことはありませんでした。

両親も小学校しか出ておらず、「勉強しなさい」とは一言も言わない。それをいいことに、私は遊び呆《ほう》けていたわけです。


また単に遊び呆けるだけではなく、みんなの中心でいたいと思った私は、いつの間にかガキ大将となっていました。

私の通った小学校は各学年に6組ほどあり、そのクラスごとにガキ大将がおり、私はクラスのガキ大将ではなく、クラスの二番手か三番手か、つまり中派閥のガキ大将でした。


今でも忘れませんが、集団でイジメまがいのことをしたこともありました。

6年生のときに、おとなしい友達をいじめてケガを負わせ、職員室に呼ばれて先生から頬がふくれ上がるほど殴られ、「おまえみたいな悪い奴は卒業させん」と叱られたことがありました。

「おまえは鹿児島一中を受験したいと言っているが、鹿児島一の中学校に受かるはずがない。おまえの内申書は下の下だ」とまで言われるし、母親も学校に呼ばれて、校長先生や担任の先生からたいへん叱られたようです。


私は、先生が生徒を公平に扱ってくれないということに対して常々不満を持っており、それがイジメとなったのであり、いわば私なりの正義感に基づくものであったわけです。

しかし、どのような理由があれ、私がやったことは悪いことであり、先生からたいへん叱られました。これなどは、私が子どもの頃に犯した大きな罪であるわけです。

中学受験の失敗と、敗戦での貧乏生活

その後、鹿児島一中を実際に受験しましたが、案の定、受かりませんでした。そのため国民学校高等科で1年間、今でいう浪人生活を経験し、翌年も同じ鹿児島一中を受けましたがまた落ちてしまい、滑り止めで受けた私立鹿児島中学に入学することになったわけです。

その年、鹿児島は焼け野原となり、私の家も焼けてしまい、日本も戦争に負けてしまいました。ちまたには両親を亡くした戦災孤児があふれ、彼らは飢えに苦しんでおりました。私は幸い両親が健在で、きょうだいも誰も死ななかったものの、家はたいへん貧乏になり、戦後はどん底の生活を焼け野が原の中で送るようになりました。

世の中はなんて不公平なのか

私が中学3年生のときに、旧制中学から新制中学へと学校の制度が変わりました。私はそれまで、中学を卒業したら就職をしようと思っていました。貧乏ですし、次男坊でしたから、地元の銀行にでも勤めて、両親の生活を少しでも支えてあげたいと思っていたのです。ところが、担任の先生が「稲盛君、新制高校ができたので行きなさい」と勧めてくれ、さらには「貧乏で上の学校には行かせられない」と言う両親を説得し、高校進学への道を切り拓いてくれたのです。

ですから、高校を卒業したときには、「今度こそは就職をしよう」と思っていたのですが、そのときもまた、担任の先生から「ぜひ大学へ行くべきだ」と勧められて、大学を受験することになりました。

かつて家族や自分が結核になったことがあることから、医者になりたいと考え、大阪大学の医学部を受験しましたが、田舎の高校でそれなりに勉強はしていたものの、その程度では残念ながら入試には通りませんでした。

そのため、滑り止めで受けていた鹿児島大学に入学することになりました。当初は、もう一度翌年に大阪大学を受けようと思っていましたが、家が貧乏であったために断念し、そのまま鹿児島大学で4年間学び、工学部応用化学科を卒業しました。

就職にあたっては、家が貧乏な上に弟や妹がたくさんいることから、家計を助けるためにはいい会社に入って、いい給料をもらおうと考え、一流企業に就職しようと思っておりました。

大学の先生方もいろんな会社を紹介してくれたのですが、私が大学を卒業した昭和30年頃はちょうど就職難で、重役の親戚や知り合いでなければ採ってはくれない時代でした。私も何社も受験をしましたけれども、どこも採ってくれはしません。そのとき私は、「世の中はなんて不公平だろう」とつくづく思いました。

運から見放された自分

私は子どもの頃から、「こういう方向に行きたい」と自分が希望しても、その通りにかなったことは一度もなかったのです。

中学を受けては滑り、再び受けては滑り、やっと高校に行き大学を受けては滑り、そして就職試験を受けても滑りというように、自分がやることはことごとくうまくいかないと思っていました。

そのため、クジ引きで他の人が当たることがあっても、私は絶対に当たらないという、自信めいたものまで持っていました。いわば、自分は運命から見放されているために、何をしてもうまくいかないのだとまで思い込んでいたわけです。

そのとき、「世をすねて渡ろう」という思いが、私の心の中にムラムラッと起こってきたのです。

みなさんも、ひどい目に遭うと、「なんで自分はこんな目に遭わなければならないのだ。自分がどれほど悪いことをしたのか」と世を恨んだり、妬んだりする気持ちが起こってくることと思います。

私もそういう気持ちになり、「どうせうまくいかない人生なら、世をすねて渡ろうか」とまで考えたわけです。

しかし、私の家には、自分の進学をあきらめ私を大学に行かせてくれた長兄や、私ががんばって稼いでくれることを待ったくさんの弟や妹がおりました。

そのため、私は「たしかに今は運が悪いし、何もうまくいかない。しかし、神さまは公平に見てくれて、今度は、私にだって幸運を授けてくださるだろう。前向きに明るく人生を生きていこう」と、無理矢理にでも思うことにしました。

入れたのはつぶれかけの会社

そして、先生の紹介を通じて、やっとのことで京都の会社に就職することができました。しかし、その会社はすでにつぶれかかっていたのです。

私は、あまりお金を持たずに鹿児島から京都へ出てきました。そして、お給料をもらうまでの1カ月間だけ辛抱すればいいと考え、何とか食いつないでいたのですが、その給料日になっても給料が出ないのです。

会社からは、「お金が準備できないので、1週間待ってほしい」と言われるのですが、1週間待つと、また「もう1週間待ってくれ」と日延べされるような有様です。

私は、「どんな困難があろうとも、どんなに苦しいことがあろうとも、前向きに生きていこう」と心に決めていましたが、実際にはこのような職場環境でしたので、文句も言いたくなるし、暗い気持ちになったことも度々《たびたび》でした。

しかし、だからこそ前向きに明るく振る舞って生きていこうと、私は常に自分を励まし、自分たちの会社をおこしたあとも、誰にも負けない努力を続けていきました。

それから41年が経ちますと、そんな私が経営する企業グループは、2兆3000億円という売上規模を誇る会社に成長することができたのです。少年時代からずっと不運続きだった私に、このようなことができることなど、とても信じられないことなのです。

私はこのことを、23歳からずっと「人生というものは決して悪いことばかりではない。私にもきっと幸運が訪れるはずだ」と信じ、ひたむきに努力を続けてきた、その結果だと考えています。明るく前向きに人生を歩んできた結果として、今のすばらしい人生があるのだとつくづく思うのです。

人生の目的とは何か？
試練は成長のための糧

私は今、68歳です。会社は大きく発展し、私は今もその会社の名誉会長を務めています。少しはお金持ちにもなり、また世界の有名大学から名誉博士号を五つも頂戴しています。

だからといって、私が偉いのかというと、そうではないと思うのです。同様に、世間一般にいう、いわゆる偉い人が、必ずしも本当に偉いわけではないと思うのです。

私は、人生の目的とは、すばらしい人間をつくることにあると考えています。

すばらしい人間とは「美しい心」を持った人のことであり、「美しい心」とは「思いやりの心」のことをいいます。

先ほど、みなさんの寮を見せていただきましたが、至る所に「思いやり」という言葉が書いてありました。それは言い換えるなら、「優しさ」のことです。私も、「優しさ」「思いやり」を持った心、そういう「美しい心」を持った人になっていただきたいと強く思うのです。

私は、自分の人生を振り返り、人生について考え続けた結果、人生の目的とは自分ですばらしい人間にしていくこと、これしかないと思います。

たとえ総理大臣になろうと、社長になろうと、何十億円の財産を持っていようと、そんな地位や財産は、死ぬときには何の価値もありません。

そんなことより、その人がどのくらい立派な人間になったのかということのほうが大切なことであり、それこそが人生の勲章なのです。

我々は、人生でいろんな試練に遭遇します。私は、それは神が試練を与え、どのようにしてその試練を乗り越えていくのかを見ているのだと思うのです。

成功もまた試練の一つ

その試練とは、災難や不幸でありますが、私は成功さえも、実は試練だと考えています。

最近、情報通信の業界でベンチャー企業をおこし、株式を上場し、まだ30歳代なのに億万長者になった経営者がいます。そういう人を見て、多くの人が、「あの人は幸せだ」と思われることでしょう。

しかし、そのような成功さえも試練なのです。神さまは恵まれた条件を与えることによって、人間がどういうふうに変化していくかを試しておられるのです。

若くして地位ができますと、人間は傲慢になっていきます。また、大金を持ちますと、贅沢《ぜいたく》もしたくなります。傲慢になり、贅沢をすれば、次には道を外れることもやりかねません。

あたら人生で成功を収め、お金持ちになって贅沢になり、また名声を得たばかりに慢心し、傲慢になり、人を人とも思わなくなってしまい、道を誤り奈落の底へと落ちていくこともあるのです。

先ほどお話ししたように、人生は変転極まりないといいますけれども、「もし、あの人が成功しなければ、もっといい人生を送っただろう」という話はいくらでもあります。
また逆に、苦難に遭遇しても、それに打ち勝ち、すばらしい人生を送るという例もいくらでもあります。

人生を生きる中では、ときに魔が差して悪さをしてしまうことがあります。そのようなとき、自分の人生はもうダメかもしれないと暗い気持ちに陥ることがあるかもしれません。

しかし、そのような人生の失敗も、すべて神さまが仕組まれたものので、さらに飛躍するために我々に与えてくださったものなのです。
大切なことは、試練をどのように受け止めるのかということです。

試練の中でこそ自分を磨ける

みなさんも、厳しい試練を与えられたといえるのかもわかりません。しかし、みなさんは若く、今までせいぜい20年足らずを生きたに過ぎません。その間の挫折など、人生の中ではまったく問題にはなりません。

みなさんにとって、今から生きる人生のほうがはるかに長いわけです。

その長い人生とは、みなさんの心がけ次第で、すばらしいものとすることができるのです。

若いときの挫折ぐらいで、人生を台無しにして、朽ち果ててしまうようなことがあっては絶対にいけません。「若いときにこんな苦労をして、こんな苦しい目に遭う人は、日本の中でそう多くはいない。少年院に入ったことを不幸だと思うのではなく、誰も経験できないことを経験させてもらったと思いなさい」と私はみなさんにお話ししたいと思います。

ここでみなさんは、ワープロやCADを勉強したり、溶接や木工を習っておられますが、私はそれを見て驚きました。そのようなことは、今高校に行ってもなかなか教えてくれないのではないかと思うからです。

また、そのような勉強は、一人でしようと思っても、実際にはなかなかできないものです。よほど精神的に強くなければ、勉強なんてできないものなのです。

ところが、ここでは先生方がみなさんにつかれ、どうしてもやらざるを得ないという状況があります。

だからこそ、勉強ができるのです。

それは、決して不幸ではありません。強制してやらされる、厳しく言われるからやるのであっても、そのことで自分が磨かれていくなら、絶好の機会ではありませんか。

人生とは先ほども言いましたように、いいことも悪いことも含め、すべてが試練です。それは、人間をつくるために、神が自然が与えてくれた試練であります。

その苦難を真正面から受け取め、どのように対処していくか、そのことによって、いかに自分の人生を築き、どのような自分自身をつくっていくかが決まってくるのです。

暴れん坊が悟りをひらく

中村天風《なかむらてんぷう》という哲学者がいらっしゃいました。インドでヨガの修行をされ、悟りをひらいた方で、残念ながらもう亡くなっておられます。

その天風さんは、大蔵省（現財務省）の抄紙《しょうし》部長、つまり紙幣をつくるところの部長を父に持ち、インテリの家庭で育っているにもかかわらず、手に負えないぐらいの暴れん坊に育ちます。

ガキ大将で喧嘩《けんか》も滅法強く、お父さんも手に負えなかったといいます。そして中学校のときに、友達と喧嘩をして相手が死んでしまったことから、学校を退学になってしまいます。

それからは、20代半ばで日本のスパイとなって、戦争状態にあった満蒙国境に出ていき、満州の荒野で暴れまくります。剣を持たせれば達人で、満州の馬賊《ばぞく》たちとの闘いでも、仕込み杖一本でどんな大男にも引けをとらず、まさに殺しても死なないような荒くれ男だったそうです。

そんな暴れん坊が、30歳のときに日本に帰ってきて結核にかかり、吐血を繰り返し、青瓢箪《あおびょうたん》のようになってしまいます。そのときに天風さんは、「人生とは何なのか、自分とは何なのか」を問うためにも、アメリカやヨーロッパへの旅に出ます。「どうせ死ぬなら、人生というものをもう一回考え直してから死にたい」と思い、旅路についたわけです。

そのヨーロッパからの帰り路、天風さんはエジプトの港町で、カリアッパというインドのヨガの聖人と出会います。その聖人は、天風さんに向かって、「おまえは胸に大きな空洞ができており、それを悲観して日本に帰ってから死のうとしている。しかし、まだおまえは死なない。私のあとについてきなさい」と彼に同行を促しました。

天風さんが連れて行かれたところは、ヒマラヤ山中のカリアッパ聖人の住まいがあるところで、天風さんはそこで修行を始めることになります。

修行とは坐禅であり、悟りをひらくための修行です。そして、天風さんは見事にそこで悟りをひらかれ、結核もいつの間にか治って、すばらしい心境に到達され、日本に帰ってきます。

すばらしい幸運が待ち受けていることを信じる

帰国後は、銀行の頭取をされたり、いろんな事業で大成功をされることになりますが、突如感ずるところがあり、すべてを退き、辻説法を通じて人々に「すばらしく生きるための方法」を説くことを決心されます。

「私は、もともとはとんでもない暴れん坊でした。そんな青年があるきっかけで、こういう人間に生まれ変わりました。このように、過去にどんなことがあろうとも、心の持ち方次第ですばらしい人生がひらけるということを、たくさんの人に教えてあげたい」と思い立ち、すべての地位を捨て、東京の街角に立ち、通りすがりの人に人生について語り始めたわけです。

「宇宙は、どんな人にも平等に、すばらしく豊かな未来を保証していいます。今はどんな逆境にあろうとも、どんな不幸な目に遭っていようとも、あなたの未来には輝くようなすばらしい幸運が待っています。それを得るか得ないかはあなたの心次第なのです」

「自分の未来には、輝くようなすばらしい幸運が待ち受けていることを信じなさい。人を恨んだり、妬んだり、世をすねたり、そういう暗い思いは一切持ってはなりません。自分の人生を、明るく希望を燃やして見つめなさい。きっと私の人生にはすばらしい幸運が待ち受けていると信じ、それを少しも疑ってはなりません」

「人生とは、たったそれだけのことなのに、人々はそれを知らない。

知らないがために、みんなが迷っています。ただ、それだけのことを信じて生きていけば、すばらしい人生がひらけるのです」

天風さんはその後、一生をかけて、このようなことを説き続けられました。

私は、天風さんのことを知って、自分が以前から漠然と考えていたことは間違いではなかったことを心強く思い、以後はその考え方に従って生きてきました。また、その結果として今日の私があると思っています。

『人生の結果＝考え方×熱意×能力』

もう一つみなさんに話しておきたいことがあります。

人生というものは、みんなが幸せになるように、みんながうまくいくように、宇宙の創造主、または自然が働きかけています。その働きかけをみんなに理解してもらうために、私はこういう方程式をつくりました。

《人生の結果＝考え方×熱意×能力》

「能力」とは、頭がいいというだけではなく、運動神経が発達しているとか、健康などという身体的な能力も含めたものです。この「能力」には個人差があり、0点から100点まであります。

自分は勉強ができないから、あまり「能力」はないだろうと思っておられる方もあるでしょう。しかし、先ほどもお話ししたように、私も中学受験を失敗し、大学受験を失敗し、就職試験にも失敗しました。ですから、「能力」はそんなに高くないのかもしれません。

しかし、人生とは長丁場です。自分は「能力」はさほど高くないかもしれないけれども、次にかかる「熱意」だけは人に負けないと私は考えたわけです。

つまり、頭がいいからと努力をしない人よりは、頭は人並みでも、やる気だけは誰にも負けないというほうが、人生では大きな成果を残すことができるのではないかと考え、私は誰にも負けない努力、

「熱意」を持って人生に臨みました。

この「熱意」も、そのように努力を続ける人から、まったく努力しようとしない人まで、0点から100点まであるといえるでしょう。

そして、最後に「考え方」がかかってきます。天風さんが言われたように、人生をどのように生きるのかによって、人生の結果は大きく変わってきます。自分の将来を不幸なものだと思うのか、自分の人生にはバラ色の幸運が待ち受けていると信じ、希望を燃やして明るく生きるのかという「考え方」次第で、人生はまったく変わってしまうのです。

そのようなことから、私はこの「考え方」を、マイナス100点からプラス100点まであると考えています。

人生の結果は、この「能力」「熱意」、そして「考え方」の三つの積で決まってきます。

例えば、頭はあまりよくないが、人より何倍も働こうと努力する人がいるとします。そのような人は、「能力」30点で、「熱意」90点だとすると、30点×90点で2700点になります。

一方、頭がよくて一流大学に行ったために、バカみたいに働かなくてもいいと考える人がいます。そのような人は、「能力」が90点、「熱意」が10点であれば、90点×10点となり、900点にしかなりません。

つまり、「能力」があまりなくても、強い「熱意」を持って努力をした人のほうが、頭がいいことに溺れ努力しない人よりは、はるかに大きな成果を上げることができるのです。

ましてや、ここにマイナス100点からプラス100点まである「考え方」がかかってきます。世をすねて、ひがんで、恨んで生きるようなマイナスの「考え方」を持てば、人生の結果そのものまでマイナスになるわけです。

一方、前向きに明るい心で生きていこうというプラスの「考え方」を持てば、すばらしい人生の結果を得ることができるのです。

「美しい心」をつくるために

私は60歳になったら、心を静かにして、できれば宗教の勉強でもしたいと思っていました。死という新たな旅立ちの前に、できればお坊さんの真似事をするためにお寺に入り、しばらく仏教の勉強をしてみたいと思っていたわけです。

ところが、60歳を過ぎてもなかなか余裕がとれず、予定から5年遅れの65歳になって、やっとその願いを果たすことができました。

あとどれくらい生きられるかわからないけれども、多忙なままに仕事を続けていたのでは、いつまでも念願の出家を実現できないと思い、私がたいへん尊敬している臨済宗妙心寺派の西片擔雪《にしかたたんせつ》老師にお願いして、お寺に入れてもらうことを決めました。

しかし、修行を始めようと思った矢先に胃ガンが見つかり、急遽手術をすることになってしまいました。そして、その手術日が、ちょうどお寺に入る予定日でもありました。

ところが、手術をして胃を切り取ってもらったのはいいのですが、運悪く手術は失敗に終わり、入院先で苦しむことになりました。そのようにして、ようやく病院から出てきたとき、この機会を逃してはならないとお寺に行き、頭を剃《そ》ってお坊さんになったのです。

なぜ、お坊さんになったのか。私は大会社の社長としてではなく、一人の人間として、少しはまともな人間になって死を迎えたいと思ったからです。ですから、お寺では真剣にお釈迦さまの教えを勉強しました。

お釈迦さまは、優しい思いやりのある心を持つこと、つまり美しい心になっていくことを、「悟り」をひらくと言われ、またそのような人こそが、一番位の高い人間だとも言っておられます。

「美しい心」をつくる六つの修行

人間が修行して立派な心になれば、想像もできないほどすばらしい人生がひらけていきます。心がきれいになるに従って、不幸も寄ってこなくなるのです。そのような「悟り」をひらく方法として、お釈迦さまは「六波羅蜜《ろくはらみつ》」という六つの修行があると説いておられます。

最初にあげておられるのが「布施《ふせ》」です。

お坊さんにお米やお金などを差し上げることを「布施」といいま

すが、その本質は「思いやり」であり、「優しさ」です。貧しい人がいたら、その人に何かを恵んであげようという優しさ、思いやりです。人間性を向上させていくには、まず人のために一生懸命何かをしてあげることです。

お金があるから、施しができるのでは決してありません。何も持っていなくても、人のために身を粉にして尽くしてあげる。そのようなことがすばらしい人生を送るための最初の修行なのです。

次は「持戒《じかい》」です。持戒とは、戒律を守ることです。

人間は不幸にして、やってはならないことをついしてしまうものです。しかし、人間として、そのことを反省し、二度としないという誓い、決意のもとに、自分自身の新しい人生をつくっていかなければいけません。

やってはならないことをするということは、私にもあることです。私も肉体を持っている人間だから、やってはいけないこともしたくなるときがあります。みなさんだけではありません。私も含めて、自分を抑える気持ちが少し緩んだとたんに悪さをしてしまう、それが人間なのです。聖人君子のように悪さをしない人など、一人もいないのです。

しかし、だからこそ「してはいけない」と常に自分自身に言い聞かせなければならないのです。お釈迦さまも、そのような人間であるからこそ、「自分を抑えなさい。戒律を守りなさい」と我々を戒めているのです。

次は「精進《しょうじん》」です。「一生懸命に努力をしなさい」ということを、お釈迦さまは「精進」という言葉で教えているのです。

これは、先ほども「人生の方程式」で述べたように、誰よりも一生懸命に努力するということであり、また人生を怠けて生きてはいけないということです。仕事や勉強に一生懸命に取り組み、日々創意工夫を重ねていく、それも立派な「精進」なのです。

次に、「忍辱《にんにく》」があります。これは、「耐え忍びなさい」ということです。みなさんも、人生で耐え忍ぶことが必要です。ひどい目に遭っても、それを恨むのではなく、ひたすらに耐えるのです。人生には必ず浮き沈みがあります。災難に遭うときもあれば、ひどい目に遭うときもある。そのようなときであっても、お釈迦さまは「耐えなさい」とおっしゃっているのです。

人生には必ず逆境があります。それは、若いときであったり、また年をとってからであったり、人によりさまざまですが、そのような困難なときにこそ、それにじっと耐え抜くのです。その「耐える」ということを通じて、人間ができていくのです。

だから、みなさんのような苦難に遭って、それに耐えた人と、そうでない人とでは、将来はまったく違ってくると私は思います。

次は、「禅定《ぜんじょう》」です。みなさんも、ふと心を静かにし、過去を振り返ったりすることがあると思います。それを、仏教では「禅定」

といいます。

いうならば、1日1回でもいいから、「心を静かに保ちなさい」ということです。そうすれば、最後に「智慧《ちえ》」、つまり「悟り」に至ることができるというのです。

今お話しした、「布施」「持戒」「精進」「忍辱」「禅定」「智慧」、お釈迦さまは、この六つのことに努めていきさえすれば、人生というのは必ずうまくいくと説いておられます。

「今からの人生をすばらしく生きなさい」

先日、私の小学校の同窓会がありました。

私は終戦の前年、1944年に小学校を卒業しているのですが、そのときの同級生から、「稲盛君、ぜひ出席してくれ。おまえが出ると我々も誇らしいし、話がはずんで楽しくなる」と言われて、何とか都合をつけて出席しました。

同級生には、小さな商店を経営している人もあれば、サラリーマンを定年退職した悠々自適の人まで、いろんな人がおられます。みんな68歳のおじいさん、おばあさんばかりの楽しい集まりでした。子どもの頃を思い出しながら、みんなとワイワイしゃべり、翌日にはそのような思い出話を本にするというので、文章をまとめていたときに、当時級長だった人が、私にこんな話をしてくれました。

彼は、私が受験に失敗した名門鹿児島一中に入学した秀才なのですが、彼が鹿児島一中の制服を着て学校に行くときに、私とすれ違ったことがあるそうです。そのとき、私が彼をにらみつけたというのです。「稲盛君がさも恨めしそうににらみつけたことを、私は今でも忘れない」と言っていました。

けれども、私はそんなことはまったく覚えていません。しかし、

「そんなことがあったかもしれないな」と思いました。

当時の私は、「なんで私だけがこんなに運が悪いのだろう、なんでこんな目に遭わなければならないのだろう」とばかり思っていました。抽選でさえ私には当たらない、自分は本当に運が悪いと思い込んでいた、そんな自分に比べて彼は頭もいいし、いい学校にも行った、そのことを「羨《うらや》ましい」と思っていたに違いありません。

ところが、彼の話をよく聞いてみますと、彼は鹿児島一中に行ったあと、家が空襲で焼けてしまい、それ以降は戦災孤児などが集まった悪い連中の仲間に入り、相当悪いことをやり、その後の人生はうまくいかなかったというのです。

途中で、さすがに「これではいかん」ということに気がついて、また勉強を始め、遅ればせながらも大学を出て、今日までできたと言っていました。

私が言いたいのは、みなさんのように若いときに苦難に出遭っても、挫折を経験しても、絶対にへこたれてはならないということです。

それは、神さまが与えてくれた「成長の糧」だと考えることです。神さまはそういう苦難をみなさんに与え、それを糧にして、「今からの人生をすばらしく生きなさい」と励ましておられるのです。そんなすばらしい経験をさせてもらえる人はそう多くはいないのです。

今日、私の話を聞かれてから20年くらい経って、みなさんが40歳ぐらいになられたそのときに、この中からすばらしい経営者や、すばらしい学者が出ても、私は決して不思議ではないと思うのです。

こんな苦難を経験したからこそ、今からの20年間をみなさんが必死にがんばれば、そのような苦難を経験せず、さして努力もしなかった人とは、人生という長丁場ではすさまじい差がつくはずです。

それくらいすばらしい経験を、今みなさんは積まれているのです。
だから、現在の自分の境遇を恨んだり、将来を悲観する必要は毛頭ありません。

しかし、自分が今まで犯したことは、十分に反省しなければいけません。過ちは二度と繰り返さないという反省を糧に努力さえすれば、一般の人が漫然と過ごす人生より、結果としてはるかにすばらしい人生を送れる資格がみなさんにはあるのです。

神さまはみなさんの未来に、すばらしい幸運を授けようとしておられるのです。
みなさんがそれを受け取られるのか、受け取られないのか、それはみなさんの今日からの心構え、みなさんの心の状態次第なのです。

今日生きていることに感謝し、先生方に教えていただいたことに感謝し、そして一刻も早くここを出してもらったなら、ぜひ社会で誰にも負けない努力を重ねてください。そうすれば、みなさんが想像もしないほどのすばらしい人生がひらけてくるはずです。

これで、私の話を終わります。まだまだ寒い日が続きますので、どうぞ風邪をひかれないよう注意していただき、がんばってくださいますようお願いいたします。

（２０００年３月17日　多摩少年院での講演より）

稲盛先生
会場はこちらになりますので……
どうぞお入りください
いやあずいぶんきれいに手入れされているものだから
見惚れていましたよ…
ああ
ありがとうございます
自分がこの学校に通っていた頃のことを
思い出していましてね…

あの頃はまだ目標もなく
自分の感情を整える術も知らず…
心の中が雑草だらけで…
何の手入れもできていないような状態でした…
心の中に
雑草…ですか…?
そう…
人間の心は庭のようなものです…
自分の心をよく観察して…
毎日手入れを怠らない
そうやって日々を過ごしていければ…

すばらしい草花が咲いた美しい庭のように
心も美しい場所に変えていくことができる…

そんな
美しい心の庭には…
やはり
美しい心を持った人たちが集まってくるものです

稲盛先生の…
心のお庭
僕もいつか行ってみたいです…
はは
もちろんもちろん
私がどんな種を植えて
どんなふうに水をやってきたのか…
一つひとつお話ししますよ
いいですか…？
大切なのは、
何を「思う」かです…

それこそがすべての花にとって
一番重要な種なのです
すばらしい花が咲く日を
楽しみにしていますよ

第4話

君の思いは必ず実現する

「思う」ことからすべて始まる

ただ今、ご紹介いただきました稲盛です。久々に母校でありますが玉龍高校を訪れ、こうして在校生のみなさんにお会いすることができ、たいへん嬉しく思っています。

せっかくの機会ですので、今日は、私のこれまでの人生経験、また経営経験を踏まえて、在校生のみなさんが今後すばらしい人生を歩んでいくにあたって参考となるようなお話をしたいと思ってやってきました。

そこで本日は、「君の思いは必ず実現する」というテーマで、人間が心に抱く「思い」がどのくらいすばらしい力を持っているのかということについてお話ししていきたいと思っています。なぜなら、私はこれまでの82年にわたる人生を通じて、心にどのような「思い」を抱くかで、人生そのものが決まっていくのだということを幾度も経験してきましたし、そのことはこの世の真理であると確信しているからです。

「思う」とはどういうことか

それでは、まず、人間が「思う」ということは、いったいどういうことなのか、ということから考えてみたいと思います。

我々は一般に、物事を論理的に組み立てたり、頭で推理推論したりすることが大切であり、「思う」ということは誰にでもできることなので、大したことではないととらえています。

しかし、この「思う」ということは、論理的に推理推論したりすることよりもはるかに大事なものです。我々が生きていく中で、この「思う」ということほど、大きな力を持つものはないと私は信じています。

今日お集まりの在校生のみなさんも、勉強ができる、頭がよいということが大事であると思われているかもしれません。もちろん、それもとても大事なことですが、心にどのようなことを「思う」かということは、それよりもはるかに大事なことだということを、多くの人は気がついていません。しかし、実は、この「思う」ということが、人間のすべての行動の源、基本になっているのです。

そのことは、二つの側面からとらえることができます。

まず、我々が毎日の生活を送る中で抱く「思い」の集積されたものが、我々の人間性、人柄、人格をつくり出しています。「自分だけよければいい」という、えげつない「思い」をずっと巡らせている人は、その「思い」と同じえげつない人間性、人柄、人格になっていきます。

逆に、思いやりに満ちた優しい「思い」を抱いている人は、知らず知らずのうちに、思いやりにあふれた人間性、人柄、人格になっていきます。「思い」というのは、ことほどさように非常に大きな影響を我々に及ぼしているわけです。

「思い」の集積がその人の運命をつくる

さらに、「思い」はもう一つ、大きな役割を持っています。それは、「思い」の集積されたものが、その人に合ったような境遇をつくっていく、ということです。あるいは、「思い」の集積されたものが、その人の運命をつくっていると言っても過言ではありません。

そのことについて、今から100年ほど前に活躍したイギリスの哲学者ジェームズ・アレンは、「人間は思いの主人であり、人格の制作者であり、環境と運命の設計者である」と言っています。

その人の周囲に何が起こっており、そして現在どんな境遇にあるのか。それはまさに、今までその人がずっと心に抱いてきた「思い」が集積されたものです。

ですから、「私は不幸な運命のもとに生まれた人間なんだ」とひがんだところで、何の意味もありません。その運命は他人が押しつけたものでもなければ、自然がもたらしたものでもなく、他でもない、自分自身の「思い」がつくり出すものだからです。

家族との関係、隣人との関係、仲間同士との関係など、人間関係のすべては自分の心の反映なのです。「自分の周りには意地悪な人、騙したりする人、悪さをする人がたくさんいる」と我々はついつい思ってしまうのですが、それも自分自身の心の反映なのです。

多くの宗教家や聖人、賢人がみなそういうことをおっしゃっているのですが、誰も自分が抱く「思い」にそれほど大きなパワーが秘められているとは信じていません。しかし、信じていなくても、実際には人生の結果も、人間関係も、地域社会との関係も、すべては自分の「思い」がつくり出しているものなのです。

私たちの社会は人類の「思い」から生まれた

このように、「思い」には我々の人間性、人柄、人格を形成していくという面と、我々の境遇、周囲の環境をつくり出していくという面の二つの側面があるわけですが、さらに「思い」が持つ偉大なる力を端的に示しているのが、現在の文明社会の成り立ちです。

今から約250年前にイギリスで起こった産業革命を機に、人類は近代的な文明社会を築いていきました。

それは、人類の「思い」から生まれたものです。

もともと人類は、木の実を拾い、魚を獲り、獣を捕まえる狩猟採集の生活を行い、自然と共生していました。

しかし、今から1万年ほど前に、人類は自分たちで生産手段を持ち、穀物を栽培し、家畜を養って食べるという農耕牧畜の時代へと移っていきました。狩猟採集の時代には、人類は自分たちの意志だけで生きていくことはできませんでした。それが農耕牧畜によって自然のおきてから離れ、自分たちの意志で生きていけるようになったのです。

そして、およそ250年前に産業革命が起こりました。人類は蒸気機関を手に入れ、工場で多くの機械を使い、さまざまな製品を生産するようになりました。

それからというもの、人類は次から次へと発明発見を行い、科学技術が著しく進歩し、今日のすばらしい文明社会がつくられていきました。悠久の歴史の中で、わずか250年という短い時間で、人類は豊かな文明社会を築き上げたのです。

なぜ、これほどまでに科学技術が発達してきたのでしょうか。それはとりもなおさず、人間が本来持っている「思い」というものがもとになっています。

人は誰でも、「こうしたい」「こういうものがあったら便利だ」「もしこういうことが可能ならば」という「思い」が、心に浮かんできます。例えば、今まで歩いたり走ったりしていたところを、「もっと速く、便利に移動する方法はないだろうか」と思い、そこから「新しい乗り物がほしい」という夢のような「思い」を抱くようになります。

そして、その夢のような「思い」が強い動機となって、人間は実際に新しいものをつくっていきます。何度も失敗を繰り返しながら、新しい乗り物をつくり出していくのです。そのようにして、ある人は自転車というものを考案しました。またある人は自動車を発明し、またある人は飛行機をつくりました。

そういう具体的なものを発明し、つくっていく際には、頭で考え、研究しなければなりませんが、その発端となるのは、心の中にふっと湧いた「思いつき」です。

一般には、よく「そんな思いつきで、ものを言うな」と言われるように、「思いつき」というのは軽いことだと思われがちです。

しかし、実はその「思いつき」こそが非常に大事なのです。人の心に浮かんださまざまな「思いつき」が発明発見の原動力となり、今日の科学技術を生み出したのです。

このように、「思う」ということは物事の出発点となります。人間の行動は、まず心に「思う」ことから始まるわけです。

この「思う」ということがなければ、人間は何も行動を起こすことができません。多くの人は、「思う」ことを簡単なことだととらえ、軽んじていますが、「思う」ことほど大事なものは他にありません。

利己的な心と利他的な心

次に、ではその「思い」が芽生えてくる人間の心というのはどうなっているのか、ということを考えてみたいと思います。

私は人間の心は、二つのものから成り立っていると考えています。みなさんの心の中をのぞいてみると、実は二つの心が同居しているのです。

一つは、「自分だけよければいい」という欲望に満ちた利己的な心です。

人間は自分の生命を維持していくためには、食事をしなければなりません。寒さを防ぐ衣服も着なければなりませんし、雨風を防ぐ家にも住まなければなりません。そういう自分自身が生きていくのに必要な欲望を一般には本能といいますが、その本能をベースにした、「自分だけよければいい」という利己的な心を誰もが持っています。

もう一つは、「他の人たちを助けてあげたい」「みんなに親切にしてあげたい」という利他の心です。

この利他とは、「他を利する」と書きますが、そういう優しい心も、人間は心の中に誰しも持っています。

つまり、どの人の心の中にも、利己と利他の二つの心が同居し、存在しているわけです。そして、そのどちらの心が、自分の心の中で大きな割合を占めるのか、ということが大切になってきます。

例えば、「自分だけよければいい」「もっと贅沢をしたい」という欲望に根差した利己的な心が、非常に大きな割合を占めている人がいます。

一方、生きていくのに必要な最低限の利己的な心は持っているけれども、それよりも「友達やきょうだいと仲良くし、人に親切にし、みんなのために尽くしたい」という優しい思いやりに満ちた利他の心のほうが、大きな割合を占めている人もいます。

この同居し、せめぎ合う人間の二つの心ということで思い出すのが、ノーベル文学賞を受賞した、インドのタゴールという有名な詩人が書いた次のような詩です。読ませてもらいます。

私はただ一人、神さまのもとにやってきました
しかし、そこにはもう一人の私がいました

その暗闇にいる私は、一体誰なのでしょうか
私はこの人を避けようとして、脇道にそれますが、
彼から逃れることはできません
彼は大道を練り歩きながら、地面から砂塵《さじん》をまき上げ、
私が慎ましやかにささやいたことを大声で復唱します
彼は私の中の卑小《ひしょう》なる我、つまりエゴなのです
主よ、彼は恥を知りません
しかし、私自身は恥じ入ります
このような卑小なる私を伴って、
あなたの扉の前に来ることを

タゴールは、このような詩を書いています。彼はこの詩の中で、利他的な、優しい思いやりに満ちた心を持った自分と、薄汚く、意地悪で、すぐに怒ったりする、自分だけよければいいという強欲な心を持ったもう一人の自分とが同居しているということをうまく表

現しています。

私自身は、できるだけ美しい心で生きたいと思っているのに、薄汚いもう一人の私が自分から離れようとせず、どこまでもついてくる。これは同じ心の中に同居しているわけですから、離れていくわけがありません。そのことを神さまの前で恥じていると言っているのです。

心は放っておくと雑草が生い茂る

では、この自分だけよければいいという利己的な心を抑え、利他的な美しい心を発揮していくには、どうすればよいのでしょうか。

そのことについて、先ほど紹介したイギリスの哲学者ジェームズ・アレンは、人間の心を庭に例えて、次のように表現しています。

読ませてもらいます。

人間の心は庭のようなものです。それは知的に耕されることもあれば、野放しにされることもありますが、そこからは、どちらの場合にも必ず何かが生えてきます。

もしあなたが自分の庭に、美しい草花の種を蒔《ま》かなかったなら、そこにはやがて雑草の種が無数に舞い落ち、雑草のみが生い茂ることになります。

すぐれた園芸家は、庭を耕し、雑草を取り除き、美しい草花の種を蒔き、それを育みつづけます。同様に、私たちも、もしすばらしい人生を生きたいのなら、自分の心の庭を掘り起こし、そこから不純な誤った思いを一掃し、そのあとに清らかな正しい思いを植えつけ、それを育みつづけなくてはなりません。

(『「原因」と「結果」の法則』サンマーク出版より)

このようにジェームズ・アレンは言っています。つまり、人間の心というものは、自分で手入れをしなければならないのです。放っておいたのでは、雑草が生い茂る庭のようになってしまいます。すばらしい草花がきれいに咲いた庭のような美しい心にするためには、自分の心の状態をよく確認して、手入れをする必要があるということを彼は説いています。

雑草の生い茂る心のままに人生を生きていったのでは、その人の人柄もひねくれた意地悪な性格の人間になっていきます。同時に、そういう悪い人間性を持った人の周囲には、その人間性に合ったように、波瀾万丈で困難なことが次々と起こってくるようになります。

一方、先ほども言いましたように、きれいな美しい心で生きていく人は、すばらしい人間性、人柄、人格になると同時に、その人の周囲にも、その人間性、人柄、人格に合ったような、すばらしい出来事が起こってきます。仕事も順調にいき、会社も繁栄し、豊かで平和な家庭が築けるといったように、すばらしい環境が周囲にできてくるわけです。

心に抱く「思い」というものは、それほど偉大な力を持っているのです。

一人ひとりが心の庭を整えていく

みなさんは今、将来に向けて学校や塾で一生懸命に勉強していらっしゃると思います。もちろん、それもとても大切なことですが、さらに大事なのは、今お話しした心の手入れ、心の整理なのです。

私は、「自分だけよければいい」という利己的でよこしまな心をなるべく抑え、思いやりにあふれた美しい利他の心が、自分の心の大部分を占めるように心の庭を手入れしていくようにしなければならないと言いました。

実は、この自分の心をきれいにするということは、宗教家の方々が修行や荒行《あらぎょう》を通じて行っておられます。厳しい修行を通じて自分を鍛え、心を整えるようにしておられます。ですから、ともすると、心を美しくきれいなものにしていくということは、一般の我々が行うことではなく、宗教家の仕事のように思われがちですが、決してそうではありません。

今、こうして生きている誰もが、自らの心を美しいものにしていくことが、その人の人生にとってたいへん大事なことだということに気づき、「思い」が発するベースである心をきれいにすることに努めなければなりません。

「思い」は、曇りがあってはならない

純粋で美しい「思い」を持つことに加えて、もう一つ我々が行うべきことがあります。それは、強烈な願望を心に抱き、「思い」を信念にまで高めることです。

私は冒頭に、今日の講演のテーマが「君の思いは必ず実現する」であると言いました。

つまり、「こうしたい」「ああしたい」というその「思い」は、必ず実現させることができると言っているわけですが、その「思い」を実現させるためには、寝ても覚めても思い続けるくらいの強烈な「思い」でなければなりません。

私たちはあらゆる物事を行う上で、まずは「こうありたい」「こうしたい」といった「思い」を抱きます。そのほとんどは、心の中にふっと浮かんだ「思いつき」ですが、それを「何としても成し遂げたい」という強烈な願望によって、信念にまで高められたものにしなければならないのです。

自分がやろうとしていることが、どう見ても不可能と思えるようなものであれば、「そんなことできるわけがない」と、誰もが言います。

そのような声になど動かされることなく、「いや、それでも私は何としてもやりたいのだ」という信念を伴った「思い」が、まず先になければなりません。

その上で、今度は一生懸命頭を使って、「では、どうすればやり抜くことができるか」と、具体的な戦略戦術を練っていけばいいのです。

人間の「思い」は、想像を超えるパワーを持っている

つまり、新しい試みが「実現できないのではないか」というような疑念を一切払拭しなければならないということです。

多くの人が「こうしたい」と思っても、すぐに「このような難しい条件がある」などと後ろ向きに考え始めるものです。

しかし、「こうありたい」という「思い」には、いささかなりとも曇りがあってはならないのです。


特に何か新しいこと、困難なことに取り組むときほど、少しでも「これは難しいな」と思ったら、絶対に事《こと》は成就しません。「どうし

てもこれは実現しなければならない」という強烈な「思い」だけを抱き続ける必要があるのです。

例えば、よく物知り顔の大人が使う、「そう思うけれども、実際には難しい」というような、否定的、後退的なニュアンスを含む言葉などは絶対に口に出してはなりません。そのような疑念がもたげてきたなら、すぐに払拭するように努めることが大切です。

自分の可能性をただひたすらに信じて、単純にその実現を強く思い続けるだけでいいのです。

何も心配することはありません。人間の「思い」というものは、我々の想像を超えて、すさまじいパワーを秘めたものなのです。

まずは、一切の疑念を持たず、「何としてもそれを実現したい」という強烈な「思い」を抱くことが何よりも大切です。そうすることで、実際に「思い」は必ず実現していくのです。

純粋に思えば、成功しないものはない

そのことを見事に説いている中村天風さんというヨガの達人の言葉があります。

みなさんはご存じないかもしれませんが、今から100年ほど前にインドで修行をしたヨガの達人で、その後、日本で銀行をつくり、いろいろな事業をして、すべてを成功させていかれた方です。

その天風さんは次のように「思い」の大切さを説いています。

新しき計画の成就は只《ただ》不屈《ふくつ》不撓《ふとう》の一心にあり
さらばひたむきに、只想え、気高く、強く、一筋に

少しみなさんには難しい言葉かもしれませんが、意味を言いますと、「新しい計画を立てて成功させたい、つまり、自分が思ってい

る『思い』を実現したいと思うのならば、不屈不撓の一心、つまり『どんなことがあっても決してあきらめない心』で、必死の努力をしなければなりません。他のことは何も考えないで、自分はこうしたいという一点に『思い』を定めて、ひたむきに思い続けなさい。それも気高く強い心、つまり純粋で美しい心で、一直線に思い続けなさい。そうすれば成功しないものはない」と、天風さんは言っておられます。

そのように天風さんが確信するようになったのには、天風さん自身の人生経験も関係しています。

簡単にですが、天風さんの経歴について少し紹介してみたいと思います。

エジプトで出会った不思議な男

天風さんは若い頃、もう死ぬかもしれないという重い肺結核にかかってしまいました。肺結核には、肺が破れてのどから血を吐く症状があります。

天風さんは毎日血を吐きながら、もう助からないと思い、肺結核を治そうとアメリカに渡り、その後、ヨーロッパに渡りました。

しかし、結局は自分の結核は治らないと気づき、どうせ死ぬのならせめて生まれ故郷の日本に帰って死のうと思い、ヨーロッパから貨物船に乗せてもらって日本に帰ってこようとします。その途中、エジプトのカイロの港で、ヨガの聖人といわれる人に出会います。

それは偶然の出来事でした。カイロの港に貨物船が着いて、いつも暗い船倉《せんそう》の中で血を吐きながら、いつ死ぬかもしれないと思っていた天風さんに、ある船員が「いつも日に当たらない暗い船倉にいたのでは、ますます病気が悪くなっていく。港に泊まっているから、今日くらいは外に出て日に当たったらどうだ」と言ったのです。

そして、港に上がって、あるホテルのレストランでスープを飲んでいると、向こうのほうにターバンを巻いた人が座っていて、お付きの人が大きな団扇《うちわ》で扇《あお》いでいます。それを見るともなしにぼんやりと見ていると、何かを食べようとしているそのターバンを巻いた方の周りに大きな蠅《はえ》がブンブン飛んでいます。

そうするとターバンを巻いたその方は、箸《はし》でいとも簡単に飛んでいる蠅をつかみ、横のチリ箱に捨てます。「あのすばやい蠅をいとも簡単に箸で捕まえるとは、不思議なことがあるものだな」と思って見ていると、ターバンを巻いたその方が「おまえ、こっちへ来い」と手招きをします。

その方のもとに行くと、「おまえさんは胸に肺結核という重病を患って、日本に帰って死のうと思っているね」と、まさに心の底まで見通しているかのようにずばり言い当てられます。

「しかし、おまえさんはまだ死ななくてもいいのだよ。私は今からインドに帰るので、もしよければ、私についていらっしゃい」と言われて、何も考える間もなく「はい、わかりました」と言って、その方についていきます。

その方は、インドのヒマラヤでヨガの聖人といわれていた有名な方でした。

その方に出会って、天風さんはインドのヒマラヤ山中に連れて行ってもらい、その方の指導で朝から晩まで瞑想をし、ヨガの修行に励みます。修行をすること2年半、すると、もう治らないと思っていた重症の肺結核が、見事に治ってしまったのです。

近代医学では、結核は十分な栄養をとらなければ完治しないといわれていました。

インドのヒマラヤの山中では、修行中に食べられるものといえば、粗末な食事しかありません。お米はもちろんなく、麦や稗《ひえ》、トウモロコシといった粗末な食料を少し加工したものを少量だけ、天風さんは毎日食べていました。そんな粗末で栄養価の低い食事では、結核が治るはずがない、かえって悪くなっていくはずです。

しかし、そういう生活をしているはずなのに、見事に結核が治ってしまったのです。そして、ヒマラヤ山中の岩の上で毎日朝から晩まで坐禅をしているうちにすばらしい境地に達して、悟りをひらかれて日本に帰ってこられました。

日本に帰ってきた天風さんはその後、自分が思っていることをすべて実現していかれました。銀行の頭取を務めるなど、実業界で次々に成功を収められると同時に、自身が体得した心の大切さについて、世間に広く説いていかれました。

そして、その中で、先ほど紹介した言葉を残されたのです。もう一度読み上げさせていただきます。

新しき計画の成就は只不屈不撓の一心にあり
さらばひたむきに、只想え、気高く、強く、一筋に

私は若い頃に、この天風さんの教えに感銘を受けて、それに従って会社経営を行ってきました。この言葉を、自分自身の心に強く持ち、また社員全員にも言い続けてきたのです。社員みんながそのような「思い」になって、懸命にがんばってくれた結果が、私が徒手空拳で成長発展させてきた今日の京セラであり、ＫＤＤＩであり、また、私が再建に携わってきた日本航空という会社です。

「思い」が成し遂げたこと

最後に、その三つの会社経営で、いかに「思い」というものが大

きな力を発揮したのかということについてお話ししたいと思います。

私は、1951年、玉龍高校の第1回卒業生ですが、その後、鹿児島大学へ進み、1955年に卒業しました。卒業の年は、戦後まだ10年しか経っておらず、たいへん厳しい経済環境でした。また、朝鮮戦争が終わった直後で、社会的には厳しい就職難の時代でもありました。

特に私のように、地方の新設大学を卒業した者にとっては、いい会社に就職するどころか、なかなか就職先が得られないという時代でした。私も大学の教授の紹介等で数社の企業を受けましたが、縁故がない私はなかなか採用してもらえませんでした。

戦後10年で世相もたいへんすさんでいたせいもあり、私もやけになって「どうせいい会社に入れてもらえないなら、インテリヤクザにでもなってみようか」とさえ、実は真剣に考えていたくらいです。

そういう斜《しゃ》に構えた気持ちでいた私に、大学の恩師が電力用の送電線の碍子《がいし》という絶縁材料をつくっている京都の会社を紹介してくださいました。たいへん厳しい就職難の時代でしたが、何とかその会社に採用していただくことになりました。

しかし、その会社はたいへん貧乏でつぶれかかっていました。給料も給料日には出ないような、業績の悪い会社でした。すぐに私は「辞めたい」と思いましたが、どこに行く当てもありません。行くところがないものですから、給料が遅れて出るような会社で、命じられた研究に打ち込むしか方法がありませんでした。

ところが、その会社の研究室には十分な機械や器具もありませんん。粗末な研究施設でしたが、私は一生懸命、今まで日本にはなかったファインセラミック材料の開発に打ち込みました。

本当なら、そのような難しい研究開発は、私の能力や経験からいって、とてもできるものとは思えませんでした。それでも、自分で研究室に鍋や釜まで持ち込み、たいへん粗末な食事を朝、昼、晩と自炊し、寝起きをしながら、昼も夜もなく、新しいファインセラミック材料を何としても開発しようと、自分の能力以上の目標に向かって懸命に努力をしていきました。

最初は、自分からそうしようと思ったのではありませんでした。会社が決めた研究開発でしたが、それを「何としてもやり遂げたい」という自分の「思い」に変えて、さらには「自分の研究で、つぶれかかった会社や仲間を救ってあげたい」という「思い」にまで高めて、研究開発に打ち込んでいった結果、日本で初めて、世界でも2番めに新しいファインセラミック材料の合成に成功しました。

つまり、「何としてもやり遂げたい」という強い「思い」、また「会社や仲間を救ってあげたい」という善き「思い」を持って全力をあげて取り組んだ結果、難しい研究開発に見事に成功することができたのです。

京セラを創業してからも同じように、そうした「思い」を持って、次から次へと新しい材料、新しい製品を開発し、また新しい事業をつくり出していきました。それは、社員のために、何としてもすばらしい会社にしなければならないという「思い」を持って、一生懸命に取り組んでいったからにほかなりません。

そうすることで、一流大学の出身ではなく、鹿児島大学という地方の大学を卒業し、能力では決して優れていたはずがなかった私が経営する京セラが、今日では年間で1兆4000億円を超える売上を誇る規模にまで成長発展することができたわけです。

「動機善なりや、私心なかりしか」

また、現在、携帯電話事業などを手がけるＫＤＤＩという会社も、私の「思い」から生まれた会社です。今から30年ほど前に、電気通信事業の経験も知識もなかった私が、当時の電電公社、現在のＮＴＴという明治以来の巨大企業に挑戦しました。

当時はＮＴＴが一社独占をしていたため、非常に高い通信料金でした。それを何とか安くして、国民の通信料金の負担を軽くしてあげたいという強い「思い」で始めたわけです。

その頃は京セラもまだ小さく、巨大なＮＴＴに挑戦することはまったく無謀だと世間で思われていました。しかし私は、国民が払う電気通信料金をもっと安くしてあげたい、そのために何としてもこの事業を成功させたいと強く思いました。

日本中の大手企業も、「相手はNTTで4兆円という大きな売上を上げ、明治以来、国のお金で日本中の家庭に電話線を引いた巨大企業だ。そのような相手に挑戦することは、ドン・キホーテのようなものだ」と考え、誰もが尻込みしていました。

しかし私は、「国民のために、何としても通信料金を下げてあげなければならない」という強い「思い」を持って、経験も知識もない仕事に取り組もうと考えたのです。

そのとき私は、「動機善なりや、私心なかりしか」と、半年間くらい自分自身に問い続けました。

つまり、「おまえがNTTに対抗して新しい会社をつくりたいと思っている、その動機は利他の心、優しい思いやりの心から出たものなのか。そこには、自分だけが金儲けをしたい、京セラをもっと有名にしたいという私心、自分自身の利己的な考えはないのか」ということを、「動機善なりや、私心なかりしか」という言葉で自分に問うていったのです。そして、動機は善であり、決して私心はないということを確信してから、一気呵成《いっきかせい》に電気通信事業に参入していきました。

そのように、利他の心、つまり善き「思い」を持って一生懸命に努力することで、いろいろな人の支援、また協力をいただくことができ、ＫＤＤＩは順調に発展していきました。今では日本全国で多くの方々がａｕの携帯電話を使ってくださっており、ＫＤＤＩは売上４兆３０００億円を誇る巨大な会社へと成長を遂げることができています。

電気通信事業の経験も技術も何もない私の、「国民のために通信料金を安くしてあげたい」という「思い」から始まった会社が、このようなすばらしい発展を果たすことができたのは、まさに「思い」の持つ偉大さ、「思いは必ず実現する」ということを証明する事例だと確信しています。

「利他の心」で企業を再建する

もう一つ、最近の事例があります。それは日本航空の再建です。日本航空も人の「思い」を変えることで再生することができたのだと私は考えています。

2009年の年末、私は政府から「日本航空が倒産しかけている。再建のために日本航空の会長に就任してほしい」と強い要請をいただきました。私は航空業界にはまったくの素人であり、また高齢でもあります。引き受けてよいものかどうか、たいへん悩みました。私はその任ではないと思い、何度も何度も断りました。また、私の友人や知人、そして家族の誰もが大反対でした。「晩節を汚すのでは」と心配してくれる人も多くいました。

考え悩んだ末、「世のため人のために役立つことをなすことが、人間として最高の行為である」という私の若い頃からの人生観に照らし、またこれから申し上げる三つの理由からも、最終的にはお断りすることもかなわず、日本航空再建の要請を引き受けることに決めました。

ただし、高齢であるため、当初は「フルに勤務することはできないだろう。だから、週に3日ほどの勤務になる」と申し上げました。京都に自宅があり、家内もそこに住んでいることから、引き受けるとなればホテル住まいになってしまいます。そのことも理由になって、「週に3日くらいなら勤務できるだろう」と申し上げたわけです。同時に、「週に3日の勤務ですから、給料は要りません」と申し上げ、日本航空の会長職を引き受けさせてもらいました。

お引き受けすると返事をしたものの、航空業界にはまったくの素人です。たしかなものは何も持ち合わせていません。新聞雑誌でも、「誰がやっても日本航空の再建は難しいのに、メーカー出身の技術屋あがりの経営者である稲盛が再建しようとしても、決してうまくいかないだろう」と冷ややかに言われていました。

それでも、私の信念が揺るがなかったのは、日本航空の再建には「利他の心」に基づく三つの意義があると考えたからです。

一つめは、日本経済の再生のためです。日本航空は日本を代表する企業であるだけでなく、伸び悩む日本経済を象徴する企業にもなっていました。その日本航空が政府の支援を受けても立ち直ることができず、再び破綻してしまえば、日本経済に多大な影響を与えるだけではありません。日本国民までも自信を失ってしまいかねません。

一方、再建を成功させれば、あの日本航空でさえ再建できたのだから、日本経済が再生できないはずはないと、国民が勇気を奮い起こしてくれるのではないかと思ったのです。

二つめは、残された日本航空の3万2000名に上る社員の雇用を、何としても守っていかなければならないということです。私が政府に請われて日本航空に行ったときには、5万人近くいた社員の中から1万6000人に辞めてもらわなければならないという、たいへん悲惨な状況に陥っていました。それは、会社が倒産し、会社更生法という法律のもとで、弁護士、会計士の方々が集まって決められたものです。

私は、残った3万2000名の社員たちを何としても救ってあげたいと強く思いました。

三つめは、国民のため、すなわち飛行機を利用する人たちの便宜をはかるためです。

もし、日本航空が破綻すれば、日本の大手航空会社は1社だけになってしまいます。それでは競争原理が働かなくなり、運賃は高止まりし、サービスも悪化してしまうはずです。これは決して国民のためになりません。

健全で公正な競争条件のもと、複数の航空会社が切磋琢磨していくことでこそ、利用者により安価でよりよいサービスが提供できます。そのためには、日本航空の存在が必要だと考えたのです。

日本航空の再建には、このような利他の心に基づいた三つの大きな意義、つまり「大義」があると考え、私は日本航空の会長に就任し、再建に全力を尽くす決意をしました。

私は会長に就任後、この三つの大義を日本航空の社員たちにも理解してもらうように努めました。社員たちもそのことを通じて、「日本航空の再建は、単に自分たちのためだけのものではなく、立派な大義があるのだ。世のため人のためにもなるのだ」と理解してくれ、努力を惜しまず再建に協力をしてくれるようになりました。

懸命な努力が人の心を変える

高齢であるにもかかわらず、誰もが困難と考えていた日本航空の再建を無報酬で引き受け、命をかけてがんばっている私の姿を見た社員たちが感激してくれたということも、幸いしたのかもしれません。

先にお話をしましたように、当初は週3日くらいの出勤と考えていましたが、日本航空の本社に詰める日が週に3日から4日、4日から5日と次第に増えていきました。80歳を前にして、週のほとんどを東京のホテル住まいで過ごし、ときには夜の食事がコンビニのおにぎり2個になるという日もしばしばという生活を送るようになっていきました。

そのような姿勢で懸命に再建に取り組んでいる私の姿を見て、多くの社員が「本来なら何の関係もない稲盛さんが、あそこまでがんばっている。我々は自分の会社のことなのだから、それ以上に全力を尽くさねばならない」と思ってくれたようです。

そして、社員みんなが心を入れ替え、「思い」をかき立て、一生懸命に再建に取り組んだ結果、倒産してわずか3年で、日本航空はすばらしい会社に生まれ変わることができました。

今では、世界で最も利益を上げる航空会社に変貌を遂げています。

「思い」は必ず実現する

人間の心、「思い」というものは、これほどすばらしい力を発揮するものなのです。京セラにしても、KDDIにしても、また日本航空にしても、決して初めから成功できることが見えていたわけではありません。いずれも、最初は空想みたいな「思い」、何としてもやり遂げようという「思い」から始まっていったものです。

しかし、その「思い」を強く抱き、誰にも負けない努力を続けることで、空想みたいな「思い」だったものが、想像をはるかに超えた、すばらしい未来をもたらしてくれたのです。

「思い」というものは、そのくらいすばらしく、強いパワーを持っています。ですから、ここにおられるみなさんは、人間の持つ「思い」は必ず実現することを信じるべきです。

「こんなことを思っても、高望みではないか」「どうせ実現しないだろう」ということを、決して思ってはいけません。できるだけ高邁《こうまい》な「思い」、崇高な志を持って、その高い目標に向かって必死の努力をしさえすれば、必ずその「思い」は実現していくはずです。

同時に、それが「世のため人のために尽くす」といった純粋で美しい「思い」であれば、自分の能力を超えて、周囲の人々、さらには自然の力をも得て、実現していく可能性はさらに高まっていきます。

ただし、いくら今強く思っても、すぐに実現するわけではありません。やはり時間がかかります。

私は今82歳になりましたが、これまで社会に出てから、60年以上も「こうしたい」「こういう人間になりたい」という「思い」を持って、必死に努力を続けてきました。そして、その結果、今はすばらしい人生を全うできたと思っています。

そのように、時間はかかりますが、人間誰しも純粋で美しい「思い」を心に強く抱き、一生懸命に努力しさえすれば、必ず実現できるということを、神さまは約束してくださっています。それは、自然の摂理であり、この世界を統《す》べる法則です。そのことを信じ、これから学校で勉学に励むと同時に、家庭でもご両親にとってすばらしい子どもであるように、努力をしていただきたいと思います。

ご列席の親御さんのみなさんも、子どもたちの「思い」が実現するよう、ぜひ温かく見守っていただきたいと思います。

この鹿児島に生まれ、ご両親の愛情を一身に受けてきた在校生のみなさんは、この玉龍高校で知力、体力とともに、立派な人間性、人柄、人格を育み、やがて日本の将来を担っていく人材として、世界に羽ばたいていくはずです。ぜひ、その長い人生において、自らが心に抱いた「思い」、高い志を実現していっていただきたいと思います。

そうしたすばらしい人生を送られることを心から祈念して、本日の講演を終わらせていただきます。ご清聴ありがとうございました。

（２０１４年10月４日　鹿児島市立玉龍中学校・高等学校での講演より）

おわりに

人はたくさんのことで迷います。日常的なことから進学やキャリアのこと、経営的な判断や人生の判断。中には、心身を壊すような悩みもあると思います。

「人間として何が正しいのか」を問う姿勢を貫きながら、京セラや第二電電（現ＫＤＤＩ）を大企業に成長発展させた稲盛和夫氏が、どのようにご判断・ご決断をされてきたのか。それをうかがうことで、私たちが人生の中で正しく決断するための指針をつくれないだろうか。

そんな思いから、この企画は生まれました。

5年の歳月を経て作成した最初の原稿は、稲盛氏のご逝去のために進めることがかなわず、企画も一時断念することになりました。

しかし、人の悩みは絶えません。

混迷する時代、稲盛氏の考え方は、今の世にこそ、誰かの心を明るく照らすものになるのではないか。
そう考え制作したのが本書です。

偉大な経営者も、たくさんの悩みを抱えていました。
そのときに目の前の困難にどのように向き合い、「迷わない心」をつくっていったのか。本書のベースとなる金言を求めて稲盛ライブラリーを訪れ、稲盛氏の講話が収録された機関誌『盛和塾』を熟読しました。ここでは、その際に、心に響いた言葉をいくつか紹介したいと思います。

「済んだことに対して、深い反省はしても、感情や感性のレベルで心労を重ねてはなりません。理性で物事を考え、新たな思いと新たな行動に、直ちに移るべきです。そうすることが人生をすばらしいものにしていくと、私は信じています」

「（経営の知識も経験もなく会社を始めたときに）困り果てた私は、『会社経営であれ何であれ、人間として正しいことを正しくやっていこう』ということを判断基準とすることに決めました」

（『盛和塾』87号）

（『盛和塾』50号）

「どちらを選んでも成功するかどうかわからないのであれば、どのような仕事であれ、それに打ち込むしか方法はない」

（『盛和塾』68号）

「辞める理由と同時に、辞める目的があった。つまり、そこに大義名分があったからこそ、新しい会社で仕事に打ち込むことができたのです」

（『盛和塾』68号）

「成功しない人は困難にぶち当たったとき、『解決できないのではないか』と、ふと心の中に迷いが生じる。その逡巡こそが問題なのです。成功する人は、困難にぶち当たったときでも、『自分には無限の能力がある。努力をしさえすれば必ず解決で

きるはずだ』と楽天的に可能性を信じている、だからこそ成就するのです」（『盛和塾』108号）

本書の制作にあたっては、粕谷昌志さん（鹿児島大学特任教授・元稲盛ライブラリー）、稲盛ライブラリー井上友和さん、嶋路久美子さん、鬼頭今日子さん、小牧愛さん、漫画を描いていただいたコルクの羽賀翔一先生、ワタベヒツジ先生、『生き方』を担当した斎藤竜哉さん、当時社長として『生き方』がミリオンセラーとなる道を開かれた植木宣隆会長と、さまざまな方のお力をお借りして、実現いたしました。ここに感謝を申し上げます。

本書が、これからの人生であなたが悩んだときに寄り添い、よい判断をするためのヒントになれたらと切に願います。

サンマーク出版編集部

稲盛和夫（いなもり・かずお）

1932年、鹿児島市に生まれる。1955年、鹿児島大学工学部を卒業後、京都の碍子メーカーである松風工業株式会社に就職。1959年4月、知人より出資を得て、資本金300万円で京都セラミック株式会社（現京セラ株式会社）を設立。代表取締役社長、代表取締役会長を経て、1997年から取締役名誉会長（2005年からは名誉会長）。また1984年、電気通信事業の自由化に即応して、第二電電企画株式会社を設立、代表取締役会長に就任。2000年10月、DDI（第二電電）、KDD、IDO の合併により株式会社ディーディーアイ（現 KDDI 株式会社）を設立し、取締役名誉会長に就任。2001年6月より最高顧問となる。2010年2月には、政府の要請を受け株式会社日本航空（JAL、現日本航空株式会社）会長に就任。代表取締役会長を経て、2012年2月より取締役名誉会長（2013年からは名誉会長）、2015年4月に名誉顧問となる。一方、ボランティアで、全104塾（国内56塾、海外48塾）、1万4938人の経営者が集まる経営塾「盛和塾」の塾長として、経営者の育成に心血を注いだ（1983年から2019年末まで）。また、1984年には私財を投じ公益財団法人稲盛財団を設立し、理事長（2019年6月からは「創立者」）に就任。同時に、人類社会の進歩発展に功績のあった人々を顕彰する国際賞「京都賞」を創設した。2022年8月、90歳でその生涯を閉じる。

稲盛ライブラリー

2013年、京セラ創業者・稲盛和夫氏の人生哲学、経営哲学を継承する施設として開設。稲盛氏の資料を収蔵・管理するほか、社会からの要請に応え、各種情報発信を行う。また展示施設として、稲盛氏の人生・経営哲学をベースに、その足跡やさまざまな社会活動を紹介し、一般公開を行っている。
https://www.kyocera.co.jp/inamori/library/

羽賀翔一（はが・しょういち）

漫画家。1986年茨城県出身。冒険ファンタジー『大獄のバベル』を Fliptoon で連載中。著書に『漫画 君たちはどう生きるか』（原作 吉野源三郎）『ケシゴムライフ』『昼間のパパは光ってる』（いずれもマガジンハウス）、『ハト部』（双葉社）がある。

ワタベヒツジ

漫画家。1991年東京都出身。羽賀翔一とともに『大獄のバベル』を Fliptoon で連載中。著書に『幸せの重心』（原案 石川善樹 コルクスタジオ）、『漫画版 おカネの教室』（原作 高井浩章 玄光社）がある。

「迷わない心」のつくり方

2024年 11月5日　初版印刷
2024年 11月15日　初版発行

文　稲盛和夫
漫　画　羽賀翔一／コルク
編　稲盛ライブラリー
発行人　黒川精一
発行所　株式会社 サンマーク出版
〒169-0074 東京都新宿区北新宿2-21-1
電話　03 (5348) 7800
印　刷　共同印刷株式会社
製　本　株式会社若林製本工場

ISBN978-4-7631-4171-2　C0030
ホームページ　https://www.sunmark.co.jp